艺术设计名家
特色精品课程

影视广告创意与制作

增补版

苏 夏／编著

上海人民美术出版社

前言

从电影制片厂走回自己的母校，从广告拍摄现场走进大学的讲坛，放下多年的导筒执起了教鞭，同行们笑称我是"换了个频道活着"，恰恰相反，我从事的依然是影视广告，只是从"学生"变成了老师。我带着 20 年影视广告行业所经历的风风雨雨回到教学岗位，重新思考与探索中国影视广告教育的问题。影视广告是一个实践性很强的专业，是一门艺术与商业、艺术与技术相结合的专业，与市场密不可分。在教学过程中我发现，社会上关于影视广告创意制作的教材少之又少，有的教科书甚至是没有经历过影视广告实践的作者撰写的，难以找一本真正有效的、较为系统的专业教材。据我所知，全国设立影视广告专业的高校有 200 多所，但真正具备影视广告教学能力和技术条件的寥寥无几，普遍存在教师缺经验、学生缺实践、授课缺教材、制作缺设备等现象。因此，编写一系列有效的、系统的专业教材，建立年轻教师的培训计划与实践机制是影视广告教育的当务之急。

当代的学生更看重那些在行业内打拼过、有实战经验、有大量作品并在此领域中取得卓越成就的专业教师。影视广告非常注重理论与实践结合，注重动手能力。如果没有在残酷的广告行业中挣扎过，没有在市场这个大课堂里经受过"煎熬"和"历练"是没有经验可循的，是难以办好实践类专业的。我常常在想，尽可能地把自己学到的东西、从业的经验及教训传授给学生，让他们少走弯路，让他们得以借鉴并学有所成，这是积大德的事。

《影视广告创意与制作》（增补版）将我多年创意制作的一些心得和前人的积累进行归纳和梳理，对国际上的经典案例进行点评与分析。希望对学习影视广告的学生有用。

目 录

第一章 | 广告的基本概念

第一节 广告的定义与分类

没有人能摆脱广告!

广告疯狂地出现在报纸、电视、网络、路牌等传播媒体上。打开电视机有影视广告，拧开收音机有广播广告，看报纸有报纸广告，翻杂志有杂志广告，走在街头有路牌、海报、公车广告，乘坐地铁到处是灯箱广告，就连看场电影也逃脱不了广告，观看运动会、展销会到处是空中广告（气球、飞艇）……各种传单、直邮信件等形形色色的广告包围着你，只要一上互联网，各类广告就会充斥你的眼球，连随身携带的手机也躲不过广告的冲击，铺天盖地的广告已经填满生活的每个缝隙。美国《纽约时报》曾经说过，应该把"空白空间"列入"濒临灭绝的物种"名单里，因为在今天，想找到一个广告未占领的"处女地"实在太难了。广告与现代生活息息相关，只要有人的地方就有广告。广告已经在世界经济和我们的生活当中扮演着重要的角色，甚至成为我们言语和文化的一部分。

广告是复杂的信息传播活动，同时又是多变的商业行为。广告的本质不是一种静态的活动，也不是简单的广告作品的制作，而是具有一定时间跨度的一系列动态传播活动的结合。"广告主为广告制定一项能测定的目的或目标，决定达成这一目的之最佳方法，发展出达成此目标的必要战术，把以上这些努力与某产品或劳务的其他销售努力相结合，然后去执行所计划的这些活动"①。也就是说，广告运动是广告诸阶段的整合，包括广告目标、营销战略、战术规划、创意制作、媒体发布等等。本书要讲的是影视广告创意制作的基本知识，浅谈广告的摄制媒材并介绍国外经典广告案例，我们想了解这些问题，就先从广告的基本概念谈起。

苏夏导演作品
《香药胃安——拖篇》
入选纽约广告节THE
GLOBALS AWARD全球奖

① ［美］舒尔茨、马丁：《广告运动策略新论》上册，中国友谊出版公司，1991年，第2页。

一、广告的起源

1. "广告"一词的来源

在英文中，"广告"一词是"Advertising"。这个英文单词来源于拉丁文的"Adverte"一词，意思是"唤起大众对某种事物的注意，并诱导于一定的方向所使用的一种手段"。大约在 1887 年，日本首次将"Advertising"译为"广告"。20 世纪初，"广告"一词开始在中文里出现并使用。

2. 广告的基本定义

广告是一种有偿的、通过大众媒介传播的、目的在于诱导和劝服的（商业）信息传播活动。

☐ 广告是传递信息的一种方式，旨在唤起人们对商品或服务的需求。

☐ 广告必须有可确认的"广告主"。为广告支付费用的企业或组织就叫"客户"（Client）或"广告主"（Sponsor）。

☐ 广告，一般指商业广告，是付费的。

☐ 广告必须通过大众媒介来传播，通过某种传播媒介到达一大批的受众。广告通过我们熟悉的电视、广播、报纸、杂志、路牌、互联网、手机流媒体、网络游戏等媒介得到广泛的传播。广告经由广告媒介来传播，这一特性使信息的传递是"非人员性的"，而不是用面对面的方式传递出去，广告是有别于人员销售这种传播形式的。

任何广告都是特定的组织或个人为达到一定的目的而发起的，都包含"诱导和劝服企图"。广告必须有确定的广告目标，这个目标是经过市场调研和精心策划的，是拉动需求和劝服人们采取某种行动的传播活动。即使是单纯提供信息的广告，其核心内容也包含劝服意图，如果没有这种劝服意图，这个传播活动可能只是新闻而已。广告在市场调研、营销战略、战术规划、创意制作、媒体发布等各种活动中发挥着承前启后的作用，是实现广告目标所进行的一切战略、战术活动的整合，广告的最终目的就是促进销售。

用形象化的说法，我们通常把广告简单概括为：

"说什么"——诉求点（信息），

"怎么说"——创意表现，

"对谁说"——目标受众，

"什么时候说"——媒介传播，

"说得如何"——效果测定。

3. 广告活动

广告活动（Advertising campaign）指一系列诉求点（信息）相一致的广告作品和其他宣传手段相结合，它们共同传播着某个有着内在联系而又统一的主题。我们既可以将同一条广告的内容发布在多个媒体上，也可以将几条具有同样主题信息而风格与感觉不同的广告组合起来，形成系列，共同构成广告活动。广告活动具有一定的时间跨度，周期有长有短，我们要在确定的时间内向不同受众展开传播活动，让确定的信息得以有效传播。广告活动是广告实施中最具挑战性的，它要求广告人必须对向不同受众展开传播活动的复杂因素和市场环境有充分的掌握，对信息之间的相互作用有深刻的认识，对信息与受众之间的相互作用有敏锐的判断，这样才能使广告活动实施得更有效。我们通常接触到的大多数广告都是某些广告活动的有机组成部分。

二、广告的分类

广告有很多种类型，人们通常会按广告媒介划分、按广告的功能目的划分，也有的按产品类别划分。

1. 按广告媒介划分

平面广告：报纸广告、杂志广告、户外标志、招贴、灯箱、路牌广告等。

动像广告：电影广告、电视广告、互联网广告、手机广告、互动媒体广告、虚拟游戏广告等（通常指声画结合的广告）。

声音广告：广播广告。

辅助性广告：交通广告、空中广告、礼品广告、名录广告、售点 POP 广告、活动赞助冠名等。

戛纳金奖 美国《耐克系列》

2. 按广告的功能目的划分

（1）基本需求刺激广告

（ Primary demand stimulation ）

这种广告的目的是教育和引导潜在消费者，告诉他们某种产品的基本价值，不是强调某类产品中某个具体品牌的价值。刺激基本需求的广告往往由行业协会和倡导性团体来共同发布，而非某个生产商去推广。例如，DVD 机首次开发出来推上市场，大家都推广 DVD 机是全新产品、全新科技，比 VCD 更加先进，影像更为清晰等特点。又如，电脑"奔腾四"处理器就比"奔三"功能强大，广告就要把这种基本价值传达给受众。广告主必须说服消费者，使他们确信自己买到的产品物有所值。

（2）选择性需求刺激广告

（ Selective demand stimulation ）

选择性需求刺激广告的目的在于指出某个品牌有别于竞争者的特殊利益，即利益点。现在 DVD 已经过了基本需求刺激阶段，成了一种成熟产品，普通大众已经接受了这种产品的价值，各个品牌都要针对不同的消费需求进行诉求。DVD 的广告纷纷突出表现各自品牌的功能特点，如超级纠错、卡拉 OK、定时遥控、环绕声等，这就是选择性需求刺激。

（3）直接反应广告

（ Direct response advertising ）

直接反应广告吸引和诱导信息接收者立即采取行动，比如某些广告让你"请立即拨打免费送货电话×××，即获得某种优惠""在某日前购买，优惠 50%""提前预订，附送×××""开张大酬宾"等等。人们习惯上称这些广告为短期行为广告。

（4）间接反应广告

（ Delayed response advertising ）

间接反应广告并不试图引起信息接收者的即时反应，相反，这种广告的目的在于培养受众，使他们在一定时间内能够识别和认可品牌，培养受众对品牌的好感度，为品牌树立形象。人们习惯上称这些广告为长期行为广告。

（5）观念培养广告

（ Attitude advertising ）

观念培养广告的目的不在于宣传某个具体产品的品牌和特性，而在于培养消费者的观念，培养消费者对整个企业有利的态度和信心，在他们心目中树立起良好的、有亲和力的企业形象。著名的国际企业如 Apple、IBM、诺基亚、耐克等，国内的平安保险、联想等在这方面做得非常好。

苏夏导演作品 《怡冠饮料——水滴篇》

戛纳金奖 美国《耐克系列》

戛纳金奖 美国《耐克系列》

3. 按产品类别划分

（1）酒精饮料

（Alcoholic drinks）

酒精饮料指所有含酒精的饮料，如威士忌、白兰地、香槟、葡萄酒、啤酒、中国白酒等。

（2）非酒精饮料

（Non-alcoholic drinks）

非酒精饮料指不含酒精的饮料，如各类可乐、汽水、果汁、茶饮料等。

（3）糖果/零食

（Confectionery & snacks）

糖果/零食指各种糖类、干果类、腌制小食品等。

（4）牛奶制品

（Dairy products）

牛奶制品包括牛奶、奶酪芝士、酸奶等。

（5）烘焙和甜点食物

（Baking & sweet foods）

烘焙和甜点食物包括面包、蛋糕、饼干、各类点心等。

（6）美味食物

（Savoury foods）

美味食物指各种烹制的肉类、海鲜、豆类、煎炸食品等。

（7）家务/宠物商品

（Household maintenance products & pet products）

家务/宠物商品指各种家政服务和用品，各种狗粮、猫食及宠物用品等。

（8）家庭用品/家具

（Home appliance & furnishings）

家庭用品/家具包括各种洁具、餐具、洗涤用品，各种橱柜、床、家纺等。

（9）美容化妆品

（Cosmetics & beauty products）

美容化妆品指各种美容护肤用品，如面霜、面膜、防晒油、眉笔、唇膏等。

（10）卫生用品/医疗药品

（Toiletries & pharmaceuticals）

卫生用品/医疗药品指各种卫生用具、医疗器材、保健品和药品。

（11）汽车

（Cars）

汽车包括轿车、客车、大货车、农用车等。

（12）汽车用品/服务

（Other vehicles, auto products & services）

汽车用品/服务指汽车配件、汽车维修、机油、加油站等。

（13）服饰/鞋帽

（Clothing & footwear）

服饰/鞋帽包括各种时装、成衣、鞋帽及配饰等。

（14）银行

（Banking）

银行指各金融机构与服务。

（15）投资业/保险业/房地产

（Investment/ insurance & property development）

此类包含投资公司、保险公司、证券公司及房地产等行业。

（16）旅游交通

（Transport, travel & tourism）

此类包括航空公司、船运公司、铁路公司、汽运公司、旅游公司以及旅游观光景点等。

（17）休闲娱乐

（Entertainment & leisure）

此类含游乐场、公园、夜总会、酒吧、赌场等公共娱乐项目及场所。

（18）快餐店/饭店

（Fast food outlets & restaurants）

快餐店/饭店包括各式快餐店（如麦当劳、肯德基、汉堡王、披萨店、狗不理包子等）、各类星级酒店及服务。

（19）零售业／出租业

（Retail stores & rental companies）

零售业／出租业包括各种大型超市、连锁店、零售店、小商品市场、各种租赁公司等。

（20）出版／媒体

（Publications & media）

此类包含各种书刊、杂志、报纸及媒体等。

（21）家用电器和音响

（Home electronic & audio—visual）

家用电器和音响包括冰箱、空调、电视、吸尘器、油烟机、微波炉、洗衣机、音响设备等。

（22）商用设备／服务

（Business equipment & services）

商用设备／服务包括电脑、复印机、打印机、扫描仪、碎纸机、墨盒、传真机等商业用设备及生产商的服务。

（23）公益广告

（Public services）

公益广告以社会安全、环境保护、文化教育、文明遗产、救死扶伤、爱护动物、扶弱助贫等人性关怀为导向，目的是为公众利益服务。

（24）公众健康与安全

（Public health & safety）

此类广告的目的是唤起公众对生命、健康的重视，提醒人们对生产安全、财产安全的警觉。

（25）个人用品

（Personal effects）

个人用品包括手表、钢笔、打火机、眼镜等。

（26）企业形象

（Corporate image）

此类广告不具体表达某个具体品牌的产品功能及特性，而是表现企业的总体形象，使企业在消费者心中形成良好形象。

（27）公众信息

（Public awareness message）

此类广告一般指政府机构、专业团体或行业协会所发出的信息，通常这些信息为公众行为。

（28）基金会组织

（Fund—raising & appeals）

此类广告涉及各种慈善、医疗、教育等基金会发布的信息以及基金会的介绍和宗旨。

第二节 影视广告的发展历程

一、影视广告的特点与优势

1. 影视广告的特点

影视广告（Commercial Film & TV Commercial）

影视广告包含两个方面：一、以电影电视、网络视频或多媒体作为媒介来传播信息的广告。二、用影视的语言和技术手段来制作出表现产品或服务信息的广告。

在20世纪60年代到80年代出生的人，一定不会忘记步步高无绳电话广告里的那个"小男人"吧！这个戴眼镜而且总是穿背带裤的"小男人"，喜欢臭美，爱赶时髦，坐在马桶上探听股市行情，等待约会时心浮气躁，接到女友电话时一副"谄媚"的表情……这个"小男人"名叫许晓力。从"马桶篇"到"邮差篇"再到"约会篇"，从"股市又升了啵"到"老婆，我被锁在门外了"再到"喂，小莉呀"，人们或许不知道他的名字，却永远记住了他那张生动亲切的面孔。[1]

"小时候，只要一听到芝麻糊的叫卖声，我就再也坐不住了……一股浓香，一缕温暖！"《南方黑芝麻糊——怀旧篇》的广告语曾经在20世纪90年代初打动过多少中国人的心。每当我们听到"世上自有公道，付出总有回报，说到不如做到，要做就做最好——步步高"这首脍炙人口的广告歌，就会自然而然地想到《步步高CVD——李连杰篇》这支广告片。原因很简单，影视广告太深入人心，影视广告可以说是目前所有媒介中覆盖范围最广、传播力最强、影响力最大的主流媒介之一。凭借着画面、音效、表演、色彩等元素以及在电视网、互联网和多媒体上的广泛传播，影视广告完全成为冲击力最强的广告。它是运动的，是属于时空艺术的，将视听有机地融为一体，表现力极其丰富。不仅如此，影视广告还具备着其他传播媒介所没有的优势——在世界各地，电视非常普及，早已进入千家万户。在中国，看电视成为老百姓必不可少的娱乐生活，是消费者最为青睐的媒介，使得信息更能传播到各类目标消费者身边。广告主深谙影视广告的"杀伤力"，他们每年在电视或网络媒介上投入高达几十个亿的费用。电视与网络为广告主提供了两个非同寻常的优势：第一，电视与网络视频精彩而又多样化的传播，使品牌价值得到了出色的、充满创意的表现，唯美的画面、鲜明的色彩、流畅的动作和悦耳的音效，所有这些因素都赋予了品牌令人兴奋而又别具一格的表现。第二，影视广告片制作完成后，广告主可以用非常低的单位成本将广告信息传播给亿万消费者。

① 王晓、付平：《欲望花窗——当代中国广告透视》，中央编译出版社，2004年，第158页。

2. 影视广告的优势

与其他媒介相比，电视网和互联网最突出的优势在于它能用影像和声音传播信息。随着社会的不断进步和高新科技的迅猛发展，普通家庭已拥有了高清晰度的电视和立体声、环绕声音响，拥有了先进的网络视频系统，影视广告的效果大大提高；各种新的数字制作技术在影视广告领域中广泛应用，表现力很强，为影视广告提供了永无止境的创意空间。电视与网络在全球范围的覆盖率很广。在中国，电视的覆盖率已达到80%，将近十亿人口能看到电视节目。网络更是深入全国各个角落，具有广大的覆盖范围。"重复就是力量"，没有任何一种媒介能像电视或网络那样让广告主频繁地播放影视广告，不断重复自己的信息。

从电视媒介来说，如果广告主针对的大众市场很广阔，那么，到达数千万甚至上亿目标受众的电视广告的成本对广告主来讲就比较合算，广告主的单位接触成本也降到了较低水平，而任何广告媒介都无法与之相比。如果针对小范围目标受众，广告主可以通过专门编排制作的电视栏目和传送剧情节目时的贴片广告来吸引目标受众，达到劝服目的。

当然，影视广告也有它的缺陷，如广告长度的短暂，图像声音的易逝性，不易留存供接收者反复琢磨都是影视广告的弱点。所以，影视广告需要广告主耗费大量的资金在电视和网络上频繁播出，这样就会造成绝对成本过高。电视媒介广告时段的选择会导致专注程度的差异，网络环境杂乱拥挤会影响收视效果等状况，都是影视广告面临的问题。因此，广告人要有锋芒锐利的创意和精益求精的制作，这样影视广告才能脱颖而出，扬长避短，真正发挥出其强大的爆发力。

二、影视广告的产生与发展

1. 电影技术的发展和电视的出现为世界广告带来飞跃

在广告产生之后相当长的时间里，由于没有更先进的传播手段，世界各地的广告形式长期保存着"静止画面"的状态，只能借助于手写、手绘、招牌、印刷和平面摄影，在传播媒介上局限于报纸杂志、招贴、路牌等。1922年美国创建了第一家商业广播电台WAAF，开始有了广播广告，广告由近代进入了现代信息产业的发展时期，但也只是诉诸听觉。早在1903年，一部片长仅12分钟的无声娱乐影片《火车大盗》开始了商业性公映，开创了电影作为娱乐手段的新纪元。到了20世纪20年代，美国好莱坞电影业步入黄金时代，开始拥有一批饮誉世界的明星。查理·卓别林（Charles Chaplin）的喜剧片、道格拉斯·费尔班克斯（Douglas Faibanks）主演的《巴格达窃贼》等都是名噪一时的巨片。电影由于其非凡的魅力，吸引了大批观众，而无处不在的广告也看中了这诱人的媒体，因此电影广告成了广告媒介中的重要一员，但这时期的广告局限于个别影院。

1925年10月2日，苏格兰人贝尔德（John Logie Baird）根据"尼普科夫圆盘"进行了新的研究工作，发明机械扫描式电视摄像机和接收机。被称为"电视之父"。

1933年，美国的V.K.兹沃尔金发明的光电摄像管，可以把光图像变成电信号，为真正的电子电视奠定了基础。1936年，贝尔德电视公司在英国开始了电子方式的黑白电视广播，从此电子电视的时代开始了。这一情况一直延续到第二次世界大战。第二次世界大战延缓了广播电视的发展，直到战后50年代初期，黑白电视才在各国得以普及。

1951年，美国试播了一种与黑白电视不兼容的顺序制彩色电视。这种电视在当时没有得到推广。1953年，NTSC（National Television System Committee）兼容制彩色电视得到了美国联邦通信委员会（FCC）的批准，并于1954年正式开播，从此，彩色电视广播的时代开始了。50年代美国发明了彩色电视，这种技术很快传遍世界，在以后的广告业中成为最大的广告媒介之一。电视技术的发明和使用，不但为人们的物质文化生活提供了娱乐消遣，也为广告提供了先进的传播手段，使它的传播范围得到了空前的扩大，打破了广告缓慢发展的状态，加速了世界各地影视广告业的发展进程。随着电影技术的不断提高和彩色电影胶片的不断更新，随着电视的普及和胶转磁技术的进步，影视广告本身的画面品质与精度得到了空前的提升，传播力和覆盖面越来越大，影视广告的表现力日趋完美并逐渐成为广告形式中的主流。电影技术的发展和彩色电视的出现使广告真正"飞"了起来。

2. 中国影视广告的产生和发展

中国影视广告的产生比较缓慢，到了20世纪70年代末，也就是改革开放的初期，邓小平亲自签署了中国电视媒体可以播放广告的批文，中国才开始出现影视广告。国内最早的影视广告是上海电视台于1979年1月28日为上海药材公司制作的名为"参桂养容酒"的广告。同年3月15日下午18：00，上海电视台播放了名为《雷达表》的电视广告，1980年中央电视台播出了日本"西铁城"手表的电视广告，成为中国电视广告的新开端。

1979年到1985年，是中国影视广告萌芽阶段，广告制作的量很少。当时国内制作的广告都是"公司地址""联系方式""厂长电话""法人代表XXX"及"省优""国优""部优"等字幕告白式的广告，还经常出现奖状、奖杯之类的东西；旁白声音铿锵有力，字幕内容空洞直白；纵使是有画面的广告，也是用一些图片或质素很差的影像来拼凑。这一阶段主流电视台播出的广告片大多为境外产品广告（如东芝、日立、松下等）。

1985年到1995年，是中国影视广告制作业的初期阶段。随着国家改革开放的全面深入，影视广告制作业随之兴起。站在改革开放前沿的广州由于毗邻香港，受经济大潮的冲击，接受商业信息较快，很快就成为中国大陆影视广告制作的发源地。广州的广告人作为影视广告制作业的先行者，率先成立了几家制作公司，开始对影视广告的创作进行摸索和探寻。其中最著名的有白马广告公司、南国影业广告有限公

苏夏导演作品　《步步高CVD——李连杰篇》

司、珠江电影制片公司电视部、广东电视台广告部、阳光广告公司等等。同时，北京科影厂动画组和钟星座的"星座壹人工作室"等单位也在从事着影视广告的创意制作，电影学院部分教师也加入了这个行列。这个时期代表性的作品有《强力荔枝汁——杨贵妃篇》《东方齐洛瓦冰箱》《广州牙膏》《春都火腿肠》《白云边酒》《大宝增白霜》《凤凰洗衣机——主妇篇》《威力洗衣机——献给母亲的爱》《南方黑芝麻糊——怀旧篇》《天丽香皂——海滩篇》《白云山制药厂活心丸——钟表篇》《中国大酒店——美食篇》《奥林饮料》《健力宝——李宁篇》《太阳神企业形象广告》等等。其中，《东方齐洛瓦冰箱》《威力洗衣机——献给母亲的爱》《南方黑芝麻糊——怀旧篇》广告在当年家喻户晓；1989年广东电视台李谋创作的《强力荔枝汁——杨

贵妃篇》获得第二届全国优秀广告作品展影视金奖；1990年南国影业广告公司的《白云山制药厂活心丸——钟表篇》获海峡两岸广告研讨会最佳创意奖；1992年南国影业广告公司蔡小明导演的《南方黑芝麻糊——怀旧篇》夺得第三届全国优秀广告作品展影视金奖……在初期阶段，影视广告的媒介播出系统经历了Umatic 1.9厘米磁带到2.54厘米磁带再到模拟Betacam的过程，摄制媒材逐渐地从电视录像摄制手段往电影胶片（胶转磁）的制作方向发展。广告画面的影像品质逐渐提高，广告创意的概念也逐渐形成，不再是单一的字幕告白，开始出现一些生活片段、比喻象征或电影风格型的广告。《南方黑芝麻糊——怀旧篇》播出后，情感诉求怀旧风格类的广告随之兴起。影视广告业虽然开始显露出多样化发展的雏形，但仍处于模仿探究

的初期阶段。

1995年至2005年，这是中国影视广告业的发展阶段。经过初期阶段的探索和广告行业的逐渐壮大，全国各地的影视广告制作业蓬勃发展。北京、上海、广州等地涌现出许多影视制作公司，行业竞争开始呈现，制作水平有了相当大的提高。随着香港回归和海外制作人员的涌入，本土广告制作人自身专业素质得到了提升。1995年之后，许多国际广告集团大举进入中国，给中国大陆的广告业带来更加激烈的竞争，同时也带来了先进的管理体系和经营理念。总部经济优势、文化氛围和商业环境使北京、上海的制作业后来居上，形成了北京、上海、广州、香港等几大影视制作基地。广告制作人利用各种有利条件，整合各种人才资源与技术资源，将广告制

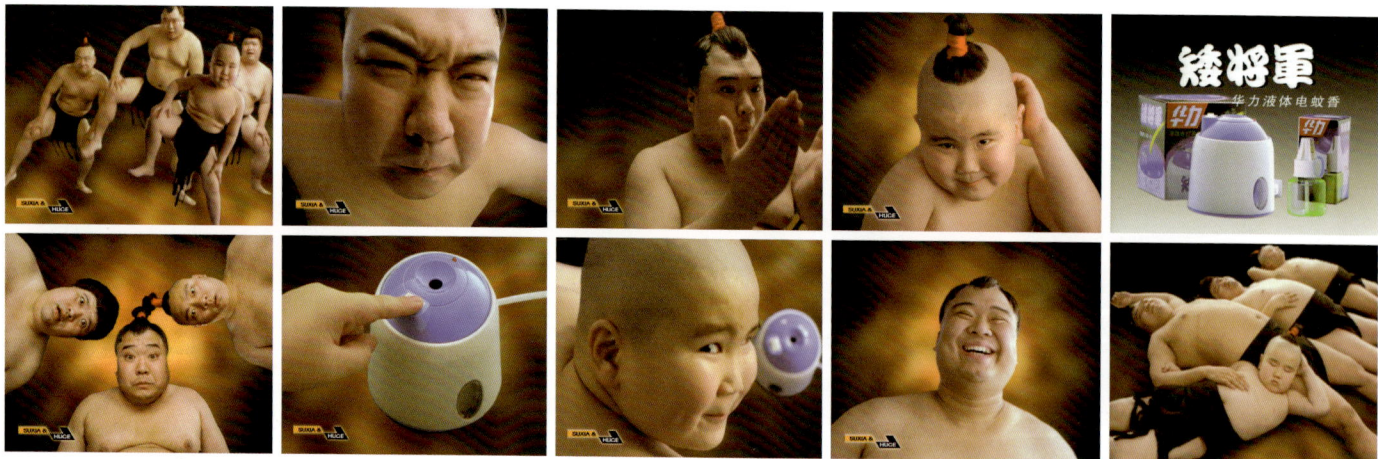

苏夏导演作品
《矮将军液体电蚊香——肥佬篇》
获第41届美国纽约广告节低成本制作奖

作水准提高到一个新的台阶，逐渐与国际接轨。应该说，这个发展阶段造就了一大批比较专业的制作公司（含合资公司）、广告导演及摄制群体，也创造了中国影视广告业发展以来创作业绩上的一次高峰。这一时期最具代表性的作品有《蓝天六必治》《步步高无绳电话——许晓力尴尬篇》《步步高CVD——李连杰篇》《润发百年洗发水——周润发篇》《容声冰箱——母亲篇》《中国移动——章子怡篇》《秦池酒——永远的绿色》《怡宝纯净水——邂逅篇》《高富力洗洁精——客家风情篇》《平安保险——平安中国》《潘高寿川贝枇杷膏——水车篇》《奥妮洗发浸膏——黑头发·中国货》《IBM电子商务——新疆篇》《步步高——施瓦辛格篇》《三九企业形象广告》《红塔集团——山高人为峰》及张艺谋导演的《申奥宣传片》等等。在1998年，由梅高广告公司创意、苏夏导演拍摄的《矮将军液体电蚊香——肥佬篇》获得了第41届纽约广告节的影视广告奖，成为中国本土最早进入世界五大广告节的影视作品；1999年中国最早入选美国权威杂志《广告时代》（Advertising Age）年度最佳广告奖的作品是广州泓一广告传播公司苏夏导演的《海南航空——云篇》；2000年3月，阳狮·恒威广告公司为广东移动通信创作的影视广告《牵手篇》最早获得莫比广告奖（电信·网络类）影视金奖；2000年10月，苏夏导演的广告片《宫颈炎药栓》最早获得美国纽约广告节The Globals Award全球奖；同年，中国盛世长城广告公司为联合国儿童基金会拍摄的公益广告《别人的孩子》获得One Show最佳

文案金奖；2002年，上海DMB & B公司创作的《光明牛奶——足球篇》获得戛纳广告节影视铜奖等。

这一时期的广告摄制媒材主要以电影胶片（胶转磁）广告为主，电视媒介的播出系统也从模拟Betacam向Digtal Betacam发展。广告创意呈现多样化，表现手法日趋丰富，比较式、多情节式、纪实式、地方方言式和名人演出式等各种风格层出不穷。《步步高无绳电话——许晓力》系列在20世纪90年代轰动一时，创中国大陆幽默诙谐风格广告的先河，也成为中国"小男人"代言产品的成功案例。跨入21世纪后，许多数字高清技术进入广告行业，为影视广告的后期制作提供了强大的技术支撑，各种合成手段为广告的特殊效果和影像品质提供了保障，新媒体的出现也为影视广告的传播提供了更多渠道。

2005年至今，是中国影视广告业的提高阶段，也称为突飞猛进阶段。网络时代的到来给影视广告的创意制作提出了新的要求。影视广告已经渗透到中国人生活的各个方面，其传播途径越来越丰富。除了传统电视、有线电视等媒介外，卫星电视、各类分众传媒、网络视频、手机流媒体及虚拟游戏广告等应运而生，经济社会对影视广告的需求愈来愈大。同时，影视广告也面临着一场"数字革命"。如何抓住"数字革命"这样的机遇来提高和发展影视广告的创作，是现阶段广告人必须面对和思考的问题。数字高清技术的逐渐普及对传统胶片广告的制作产生了影响，各种新的制作媒材及传播媒介的融合为这一阶段的影视

广告创作提供了广阔的空间。广告人顺应时代潮流，开始探寻在新的媒介环境下影视广告创作的方法和手段，以满足市场经济飞跃发展的需要。这个时期流行的广告片有《蒙牛酸酸乳——超级女声张含韵篇》《百事可乐系列》《可口可乐系列》《中国移动A+网络——身份篇》《百度——唐伯虎篇》《高露洁冰爽牙膏——周杰伦篇》《李宁牌服饰一切皆有可能》《三星冰箱——银离子篇》《纳爱斯VC牙膏——牙齿篇》及三大名导拍摄的雅虎搜索广告《阿虎》《跪族》《前世今生》等[1]。在这一阶段，广告制作媒材为电影胶片和数字高清两者并存，加上高端数字3D技术和数字二维技术的普及，使影视广告的制作手段拥有了更多选择。电视媒介播出系统逐渐从标清Betacam向数字高清电视转换，影视广告的传播渠道从传统电视向网络视频、手机、虚拟游戏等互动媒体发展。广告制作业的整体水平也在优胜劣汰的竞争过程中逐渐走向成熟，从制作的层面上看，影像精度越来越高，风格也日趋多样化，但在广告创意上还需要进一步探索和提高，中国的影视广告业还要在新的历史发展时期寻求更大的突破。

①三大名导：陈凯歌、冯小刚、张纪中。

三、影视广告的传播功能

1. 传播的含义与类型

"传播"（Communication）一词源于拉丁文 "communis"，本义为"共同"。传播，就是信息的流动过程。我们通常把传播分为自然界传播和人类传播两种形态。人类传播可分为人的自我传播、人际传播、组织传播和大众传播四种类型。这种分类标准是传播的范围及规模。

人的自我传播是个体对信息的了解和感受过程，是个体自我进行的思维活动。思考、内心矛盾、激动、宣泄、自言自语、自我陶醉等都是自我传播。人的心理活动几乎都属于人的自我传播的范围。

人际传播是指人与人之间进行的口碑传播，是两个或两个以上人的自觉的、非组织目的的信息交流。聊天、探讨、争论、关怀、流言蜚语、时尚流传等均为人际传播。但人际传播与组织传播较难区分。

组织传播是指组织内部的信息交流，或组织内部与外部的传播。这种传播是有组织目的的，组织传播的规模大于人际传播。

大众传播就是通过大众传播媒介进行的信息交流活动。信息传播中的传播者职业化，信息量大，覆盖面广，信息复制和传递迅速。传播媒介是大众化的平面媒体、动像媒体或互动媒体等。大众传播是社会化的传播。

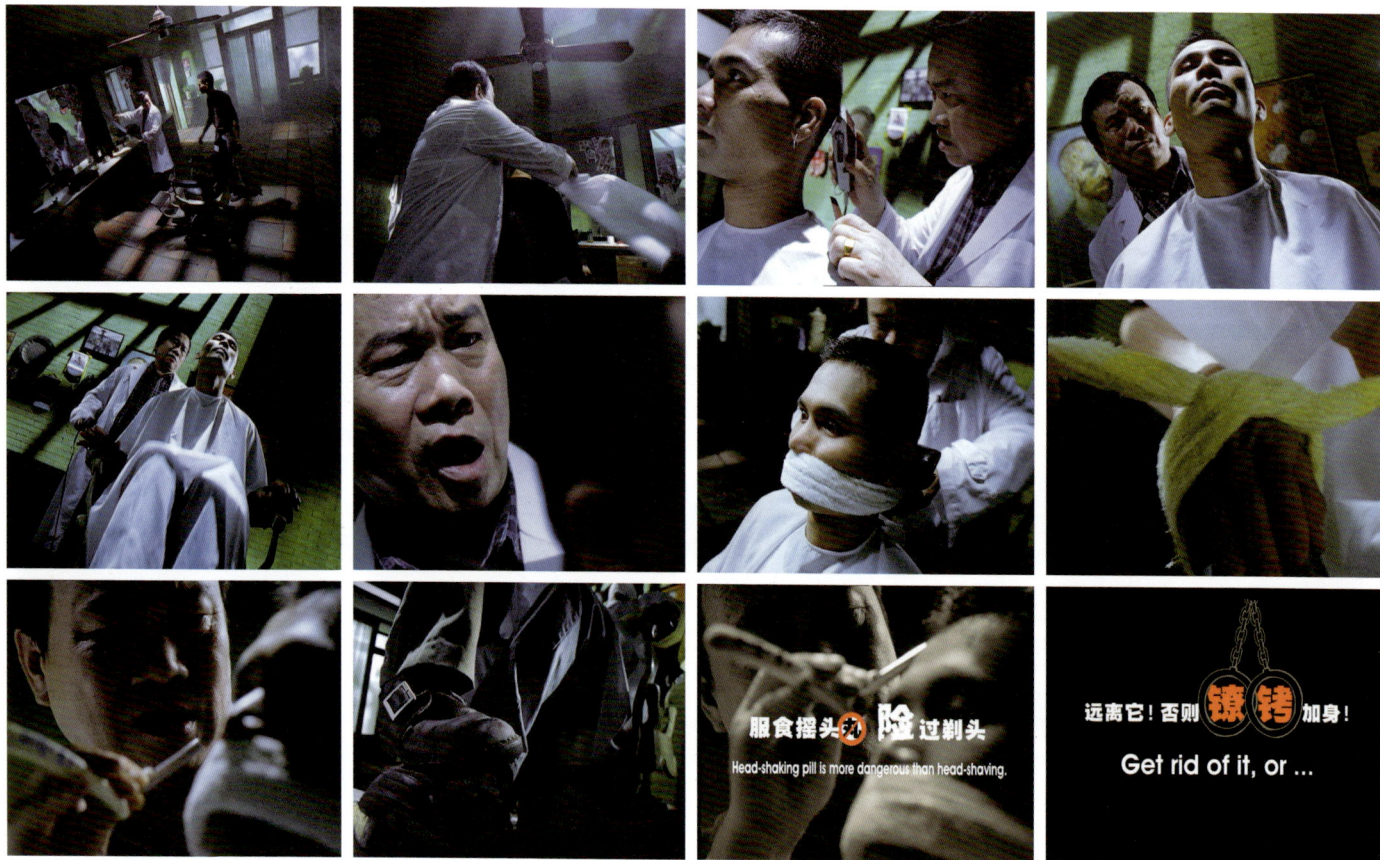

苏夏导演作品 《国际禁毒日——剃头篇》

2. 影视广告的基本传播功能

影视广告具备四种基本传播功能：导入功能、劝诱功能、强化功能和提醒功能。

☐ 影视广告的导入功能引导产品进入市场，唤起消费者的需求和欲望，使他们了解广告信息。

☐ 影视广告的劝诱功能不仅要唤起消费者的需求和欲望，使他们了解广告信息，还要诱导他们偏好于某一产品或服务，使之产生购买动机。

☐ 影视广告的强化功能用来激发消费者的购买欲望，影响他们的购买决策，暗示消费者只购买自身的产品或服务。

☐ 影视广告的提醒功能触发消费者的习惯性购买行为，增强他们对产品或品牌的认同感和忠诚度。

影视广告由于其声画结合的特点，以及它在电视媒介和网络视频传播时的冲击力和覆盖率，广告主在制定广告策略时一般都会选择影视广告作为主要手段，或者采用多种媒介同时进行的策略，都依赖影视广告强大的影响力来得到更好的信息传播。影视广告中的画面、人物形象、故事情节、广告旁白等元素，都将成为报纸、杂志等广告媒介的画面创意设计元素，是影视广告内容信息的延伸和扩展，使其主题形象更加统一，以取得广告活动的成功。

影视广告是通过大众传播媒介传递信息的，信息传递快且覆盖面广，对受众接受过程中的感知环节和兴趣的影响最大，容易让人产生记忆而形成人际传播。人们经常相互谈论广告，有时广告活动已经停止，这种记忆和影响却经久不衰。例如蓝天六必治牙膏广告的"牙好胃口就好，吃嘛嘛香，身体倍儿棒……"广告已结束多年，但人们还记得这句地方方言的顺口溜。又如1988年香港电视台播出了由梅艳芳主演的《铁达时情侣表》广告，广告片末尾那句荡气回肠的"不在乎天长地久，只在乎曾经拥有"的广告语在当年流传甚广，时至今日，许多人还经常脱口而出。这说明好的影视广告通过大众媒介传播，能形成人际传播而使广告产生持续的效果。

值得一提的问题：
1. 广告的基本定义是什么？
2. 什么是广告活动？
3. 影视广告的基本概念是什么？它有哪些特点？
4. 举例说明影视广告的传播功能。

本章要点：
1. 广告的基本定义
2. 广告的基本分类方法
3. 影视广告的特点与优势
4. 中国影视广告的产生和发展
5. 影视广告的传播功能

苏夏导演作品 《烟台啤酒——年代篇》

第二章 影视广告创意

第一节 广告策划与广告目标

一、广告策划概述

影视广告是广告活动的组成部分。影视广告创意必须以广告策划中的市场调研结果为依据，在广告策划所制定的广告目标、广告对象、广告定位、表现策略、媒介策略等核心内容基础上进行。所以，在谈到影视广告创意之前我们必须先了解广告策划与广告目标。

1. 广告策划的含义

广告策划是现代广告活动科学化、规范化的重要标志之一。现代广告活动已形成以策划为主体，以创意为中心，以整合营销传播为手段的科学管理体系。

广告策划就是对广告活动整个过程进行的超前性和全局性的总体策划，是针对整个广告活动进程而进行的战略决策。广告策划是根据广告主确定的营销策略，按照一定的程序对广告活动的总体战略进行前瞻性的规划。它以科学、客观的市场调研为基础，以富有创造性和效益性的定位策略、诉求策略、表现策略、媒介策略为核心内容，以具有可操作性的广告策划文本为直接结果，以广告活动的市场效果调查为终结，追求广告活动进程的合理化，寻求广告效果的最大化。[1]广告策划是广告活动的灵魂和核心，它可以分为整体广告策划和单项广告策划两种。整体广告策划是指具有系统性的、规模较大的、为达到同一目标所做的各种不同广告组合及传播手段进行的策划。单项广告策划是指为单一的广告进行的策划。单项广告策划可以使个别的广告增强说服力，提高广告效果，顺利实现单个广告要达到的目的。[2]单项广告策划必须符合整体策划的基本内容。

2. 广告策划的内容及任务

广告策划的内容主要包括广告目标、广告对象、广告主题、广告媒体、广告的时间与空间、广告费用预算等。

广告策划的基本任务：

（1）进行市场调研，根据市场营销战略确立广告目标；

（2）为实现广告目标设定诉求策略；

（3）制定媒介策略，选择有效的广告媒体、推出方式和推出时机；

（4）从整合营销的角度，制定广告与其他营销传播手段相配合的策略，有计划地安排广告活动的进程、次序和广告媒体的搭配；

（5）拟订广告计划，合理地分配和使用广告经费，争取最好的广告效益；

（6）评估广告活动效果。

广告策划可以使广告活动自觉地沿着统一明确的目标轨迹行进，可以使广告内容的特性表现得更鲜明、更强烈，也可以使广告功能发挥得更充分、更彻底，形成别具一格的轰动效应，低投入高回报，取得良好的经济效益和社会效益。

①徐智明、高志宏：《广告策划——广告策划的全新范本》，中国物价出版社，1996年，第16页。
②瞿年祥、邹平章：《广告学教程》，四川人民出版社，2001年，第107页。

二、制定广告目标

制定广告计划首先要确定广告目标。广告目标应当根据以往有关目标市场、定位及营销组合的决策来确定，它们规定了在整个营销策略中广告工作的地位和作用。

广告目标：广告目标是指在一个特定的时期针对特定的目标对象设定一项特殊的任务。广告宣传的目标可以根据主要的目的来划分，目的是为了宣传、劝诱或提醒。[1]具体地说，就是在一定时间内广告媒介将广告信息传递给受众时，广告主所要达到的目的。

宣传广告：宣传广告主要用来介绍新产品和服务，目标是建立基本需求。

劝诱广告：劝诱广告的目标是建立选择需求，劝说顾客，选择其产品。

提醒广告：提醒广告的目标是让顾客记住该产品或服务，这是对成熟的产品而言，且十分重要。

成功的广告目标应具备下列基本特性：

精确性：广告目标要精确地反映出广告引起的受众反应的变化程度。变化程度的多少要根据营销目标，消费者对品牌的了解程度、态度等因素而定。

单一性：一个广告要达到的目标应该只有一个。如果目标太多，广告所要承载的信息太复杂，消费者记不住，广告效果也不好。如信息太多，可以采用创作多个广告或通过系列组合来宣传，逐步实现广告的各个目标。

可测性：广告目标是评估广告效果的标准。如果广告目标不能测量，广告主则无法知道和评价广告是否达到目标。

时间性：规定广告目标要在多长时间内完成。目标实现的期限长短随广告目标的大小、难度来制定。如果想改变消费者对广告品牌原有的形象知觉，产品重新定位就需要较长的时间。

可行性：广告目标必须实实在在，切实可行，要掌握好尺度；如果定得太高，不能完成或难以完成，会让广告主认为广告失效或无效。

[1] [美] 科特勒、阿姆斯特朗：《市场营销》，俞利军译，华夏出版社，2003年，第306页。

第二节 广告诉求的创意思考

要想制造出有效的广告创意，第一步是决定向受众传递什么样的信息，即制定广告信息（卖点）。广告的目的是让受众以特定的方式对产品做出反应。人们只有确信能从自己的行为中有所受益才会产生购买动机。因此，制定有效的广告信息应该从确认消费者的"利益点"开始，这种"利益点"才是广告真正的感召力。在寻找这个"利益点"并将它具体化的时候，许多创意是通过同消费者、经销商、专家及竞争对手的对话开始的，也就是市场调研，然后才去尽力设想消费者购买和使用产品情况来判断他们寻求哪些实惠。一般情况下，广告创意的信息策略直接来源于公司的总体定位战略。

笔者曾获得了第 41 届美国纽约广告节影视大赛的奖项，这是中国人首次获奖。1999 年 1 月，在纽约马里奥特·马奎斯酒店的颁奖典礼上，笔者问纽约广告节的总裁伯格（Gerald M. Goldberg）先生："为什么我三件送展作品中我认为制作最差的一件却获奖了呢？"伯格先生回答："原创，别出心裁！"事实也证明，这件原创的广告作品在播出后也很"卖货"，给目标消费者的印象非常深刻。

很多人通常把创意理解为"创"造"意"外，或认为创意等于"创异"＋"创益"，或认为创意是把旧元素进行新的组合等，说法不一，很难形成统一的认识。美国权威广告杂志《广告时代》认为："广告创意是一种控制工作，广告创意是为别人陪嫁，而非自己出嫁，优秀的广告创意人员深谙此道，他们在熟知商品、市场销售计划等多种信息的基础上发展并赢得广告运动，这就是广告创意的真正内涵。"

"别出心裁""与众不同"是创意的基本要求，是前提。"适者为美"就是要寻求最适合于广告信息策略的，最能有效传达表现独特诉求的广告语言、表现手法和形式。也就是说，广告创意就是在广告主题确定之后，关于广告表现形式的艺术构思，这种构思必须是合适的、独特的、富有创造性的。

广告创意，是为实现企业战略目标服务，以广告目标为导向，在确定适合广告信息策略的广告主题基础上，寻求最有效的、独特的广告表现形式的艺术构思过程。

一、创意简报大纲

创意简报：有了创意策略的支撑，创意人员在天马行空思考之前，还需要撰写一份严谨的创意简报。创意简报是广告公司客户人员与创意部工作衔接的重要文件，是客户部门与广告主多次探讨并对创意策略思考达成一致共识后的书面表达，是广告创意的指导性文件。分析目标，从而达到广告主与广告公司双方"共建标准"的目的，有效地控制创意的精准性。

影视广告创意简报包括以下几个内容：

有关产品的背景

这包括产品自身特点分析及历史，以前市场开发的情况，同类竞争对手情况等。要有针对性，梳理好广告所要解决的背景资料。

影视广告的目的和任务

要告诉创意人员他们创意的具体广告在整个广告战略中所处的位置和使命，使创意人员明白具体任务是什么，希望广告达到什么目的。

目标消费群体及行为分析

对目标市场及行为分析的描述常能启发创意人员的创作灵感。对准确定的目标消费群体，找出如何与之沟通的方式并对消费者产生影响，广告才能发挥应有的效力。

定位主张和承诺

定位是广告诉求的基点，只有把产品放在恰当、准确的位置上，定好产品的诉求点，才能确定广告表现的基本方针。承诺产品、品牌带给消费者需求的实体利益或心理利益，是广告传递给受众的核心概念。

消费者的反应

广告创意最终由消费者接受才算真正完成，消费者接收信息的心理感受与创意初衷可能不符。因此，可以建立一个测试创意品质的控制机制，如访谈用户或听取非创意人员的意见，可以参照其为创意标准，以保证创意更准确有效。

创意简报

新工作 / 补充说明

工作号：

客户：	媒体：
产品：	语言：
工作简述：	片长/尺寸：
市场：	全色/黑白：

广告投放时间	材料最后期限	完稿日期	交与客户	概念/文案	内部讨论	创意简报

背景资料：

工作要求（请详细描述你最后要得到的结果）：

广告目标（创意需要如何发展，例如新商品上市，抑或如何拓展它已有的品牌价值）：

竞争品牌（概述主要竞争者及有关材料，使我们更好地了解有关竞争的情况）：

品牌定位（怎样使消费者理解我们的意图？这对主题广告是最重要的，但是没有必要对每个主题广告都重做一个产品定位）：

目标对象（概述消费者的地域特征及性格特点，描述他们是哪一类型的人及其行为等）：

主要信息（广告创意所准确表达的单一信息）：

可信赖程度（准确地描述此创意想法的支持点）：

广告风格与手法（描述格调、气氛、执行原则及客户预算）：

必须包括的工作项目（包括一些重要的工作提案、简报、地址、CI规格等）：

客户主管	客户总监	创意总监	创意小组

执行原则与客户的预算

太多的原则会束缚创意人员的创作灵感，要给创意人更多想象的空间和可供参考的角度，提示创意可从哪些方向发展，最好体现什么样的格调、品位等。客户对广告投入的费用至关重要，关于媒介类型、时间长短、制作难度，尤其是制作费用预算及完成期限等要求，都要列举清楚。

二、创意原则与思维方法

1. 创意原则

广告创意是广告活动的灵魂。我们想探讨广告创意的方式方法，首先要探讨广告创意中我们应该把握的一些普遍性原则。

（1）单纯性（Singultation）

影视广告的长度往往是30秒、45秒或60秒，国内电视台通常播放的是30秒、15秒或5秒的广告片。在这么短的时间内陈述太多的信息，消费者会很难记住。要想有效，诉求点越简单越好，理论上称为单点诉求。简单是一支好广告的标准。

（2）关联性（Relevance）

广告涉及整个市场环境、企业状况和广告目标，涉及产品品质、消费者特征、同类产品的营销与广告情况、媒体选择及覆盖率等因素，它们是密不可分的。也就是说，创意与产品、消费者和竞争品牌有关联。广告创意就是在受众与商品之间建立自然联系。

（3）原创性（Originality）

原创是广告创意的核心原则，它指的是广告创意要"别出心裁""出人意料"。在信息社会里，广告信息铺天盖地，如果广告没有原创性，就起不到引人注目的效果而淹没在广告信息的海洋中。"走别人没有走过的路，想别人没想过的，说别人没说过的。"有原创，就能制造广告差异化，给消费者独一无二、刻骨铭心的感觉。

（4）震撼性（Impact）

震撼性指的是广告的冲击力，是传播过程中独特的信息及组合对观众感觉器官带来的强烈刺激。它有视觉与听觉上的高度反应，也有心灵与精神上的震动，但无论是哪方面的震撼，市场反应最重要。

（5）趣味性（Interest）

趣味性就是通过幽默、诙谐、逗趣、悬疑等使广告趣味横生，可观性强。要注意，趣味性虽然吸引人，但容易造成消费者记住了引人入胜的情节，而忽略了产品本身。因此在趣味性表达上要掌握好尺度，让情节紧紧围绕产品展开，使消费者在娱乐之余记住产品。

2. 广告创意思维方法

（1）头脑风暴法

头脑风暴法也称头脑激荡法，是广告创意人使用最多的创意方法；是靠集体动脑互相启发、互相碰撞产生创意的一种创作方法。与会人员（通常是几个人），以动脑会议的形式，相互探讨争论，相互激活想法，共同产生构思并进行取舍，然后再将想法向更高层次和境界推动。这一方法是1938年由BBDO（Batten Barton, Durstine & Osben）广告公司副总裁阿历克斯·奥斯本（Alex Osben）首创的。头脑风暴法也存在各种问题，它被人们批评的焦点是它阻碍了具有锐意创造性文案人员的天赋，因为在会议上人们不能点评或反驳其他创意人员的构思，使得有独创见解的文案人员不得不迎合其他创造力差的成员提出的构思。无论怎样，几十年来这种方法为世界各地广告公司普遍采用并沿用至今。头脑风暴法最大限度地激活了创意小组成员思考的连锁反应，像打乒乓球一样，你来我往，人人自由发挥，使创意源源不断地发展下去。这个方法产生出来的构思不管是数量还是质量，都可以得到几何级数的开发，是产生绝妙创意的基础。其核心是：使人的大脑处于一种奔放自由的气氛中，把想象力激发到最活跃兴奋的状态，始终围绕特定问题，让与会人员提出尽可能多的想法再进行筛选。

（2）笔记法

创意的灵感，往往得益于平时各种知识的日积月累，得益于对生活细节的观察及各种素材的收集。笔记法就是鼓励创意人员随手携带一个小本子和一支笔，把无论是生活中还是工作中看到、听到、想到的所有有价值的东西——记录下来，如把读书、看报、阅览杂志看到有趣的短文、幽默小故事、文学作品中的精彩片段都记下来或剪贴下来，特别是头脑中思想火花的闪现，随时随地用精简的文字或图画记录下产生的灵感。这些零零散散的记录一经再加工有时就可能成为优秀创意的导火线或本身就是一个极妙的创意。作为创意人员如果不提倡笔记法，许多瞬间闪烁的精彩意念就会随之消失得无影无踪。经常用笔记本记下的各种内容可能相互间毫无联系，但有助于创意人员打开思路，使思维活跃。我们常说"创意就在你身边"就是这个道理。

（3）图示联想法

这是广告创意人员在思考时常用的一种方法。他们用图解化的方式把原本杂乱无章的各种想法画出来，一边考虑一边画图，随着思路画下去，也因此展开联想，直到找出一个好的点子，并将这个好的点子放大和具体化。这样他们可能就会想出一个好创意。这种联想是围绕着产品从多方面展开的：产品→产品外形→产品的性格→同类竞争产品→中文名的含义→外文名的谐音→色彩→产品功能→产品自身特性与人们消费习惯→与之相吻合的象征物→产品的使用者→使用方法→产品给人的印象（品位）→产品技术含量→价格优势等。

（4）水平思考法

人们习惯按照事物本身的发展过程来进行思考，习惯有条理地按纵向顺序来寻找解决问题的方法，这种思维叫垂直思考，是人类一种正常的思维运行模式。这种向上或向下垂直思考的方法往往会维护固有的观念，阻碍新观念的产生。英国剑桥大学心理学家爱德华·戴·波诺（Edward de Bono）博士提出了与此完全不同的思考方法，即"水平思考法"（Lateral Thinking）。水平思考法是指摆脱对某种事物的固有思维模式，寻找某种事物可以与另一事物相互关联进行比较分析，另辟蹊径的方法。广告创意人员要学会把重点从已有的、明晰的看法转换到其他尚不明确的看法上去，有意识地形成数个不同范围的看法，把事物的关系转个角度，把着眼点从一个问题的某一局部转到另一局部上去；要善于捕捉和利用偶然因素创造新的构想，偶发性的想法也会产生意料不到的创意。

提到高速列车，我们可以用"火箭""闪电""时间凝固""一阵风""快得让你看不见"诸如此类表述来形容，并且可以根据这些表述展开独到的、合理性的创意表现。总之，水平思考法是把浮想出来的点子先列举出来，然后对一个个策略从上下左右、前前后后等所有角度来加以分析，寻找出解决之道。它是多元化思考、创新思考之源。

（5）分类归纳法

这是与头脑风暴法相类似的一种方法。广告创意人员首先要明确"什么是问题的主体"，由"问题主体"向四面八方散发开去思考问题。参加讨论的创意人员要运用丰富的想象，发散思维、群策群力地提出有助于解决问题的见解。这个程序需要有一个记录人员把所有参与人员的意思全部记录在案。记录员一定要集中思想领会每个人发言的精髓，然后将所有见解编制成小卡片，把内容和意见相近的卡片集中起来，归纳并分成若干卡片组，找出这些小卡片"接近性"的标题，然后进行压缩、筛选，制成"一句话标题"。创意人员再按以上程序，继续发散思维去思考、讨论，记录员再将小卡片归纳出"一句话标题"。如此循环，卡片组的数量越来越少，余下的标题就成为讨论的主题。原来杂乱无章的各种信息和见解就在这种分类归纳完成后，变得简单清晰。创意人员再用图解化和文字化的方式有意识地去检查这些资料，并对其进行斟酌，做出清晰的描写，新的构思就会自然而然地浮现出来。

（6）逆向思维法

传统的、常规的思维方法叫顺向思维。逆向思维是一种反常规、反传统的思维方法。当想创意陷入山穷水尽的时候，创意人员不妨采用逆向思维，把立场完全彻底地转换到一个极致的对立面，这样往往能找到出奇制胜的绝招。"文章反过来做""思维倒过来想"是创意人必须具备的能力。艾·里斯在他的《广告攻心战略——品牌定位》一书中说："寻找空隙，你一定要有反其道而行之的能力。如果每个人都往东走，想一下，你往西走能不能找到你所要的空隙。哥伦布所使用的策略有效，对你也能发挥作用。"试着反过来想问题，优美绝妙的创意也许就在眼前。

广告创意的方法很多,但无论是哪一种创意方法都属于创造性思维。创造性思维是直觉思维与分析思维、发散思维与聚合思维、抽象思维与形象思维、辩证思维与灵感思维等多种思维方式的综合表现，离不开创造性的想象。英国心理学家沃勒斯在《思考的行为》一书中提出，艺术创造一般要经过准备、酝酿、明朗、验证四个阶段，这是创造思维的基本过程。美国智威汤逊广告公司前副总裁詹姆斯·韦伯·杨（James Webb Young）提出了创意过程论。他认为创意并非一刹那的灵光闪现，而是如同海上魔岛一样，是日积月累形成的。创意是靠广告人长期掌握的各种知识和人生阅历积累而成的，是经过人的意识和潜意识过程制造出来的。创意过程论是一个有深刻内涵的概念，它是自然常识、社会经验及人的思维运动在时间、空间上的持续和扩展，它是矛盾存在和发展的形式。广告人要从事物发展过程中了解其来龙去脉，把握它的发展规律。广告创意作为一种复杂的思维过程，它起源于自觉的有意识的思考，即搜索、接受和重组必要的信息，提出各种可能的方案。想象阶段即在意识和潜意识中进一步思索和酝酿各种信息重新组合的可能性，也就是将各种旧元素进行重新组合，受到某种因素的启发后，灵感忽然出现，瞬间完成整个思维过程（即产生创意）。

"创意过程论"把创意过程分为五个阶段：

（1）入迷（Immersion）

收集原始资料，使自己入迷。

（2）理解（Digestion）

有意识地去检查这些资料，并对其进行斟酌。

（3）酝酿（Incubation）

将许多重要的事物在有意识的心智之外去做综合，用潜意识工作。

（4）启发（Illumination）

实际产生创意。

（5）实现或确认（Reality or Verification）

发展和评估创意，确认它们是否能解决问题并使之能实际运用。

三、创意主张（广告理论简述）

☐ 产品即英雄

20世纪中期，世界经济在战后开始活跃起来，市场竞争呈初始状。这时候的商品品种单一，同质化程度小，消费者看重的是产品的功能、包装、外形等实体利益，不太看重产品功能以外的消费心态和生活方式等附加值。在这种情况下，市场竞争主要通过在产品本身的性质特点和功能实效所造成的差异性来实现。就在这个时代，广告大师李奥·贝纳的"与生俱来的戏剧性"理论诞生了。他认为任何一种产品都具有一种使它能够在市场中生存的素质，这就是"内在的戏剧性"，广告人的任务就是把这一"戏剧性"寻找出来，认为"创意就在产品中找"。李奥·贝纳强调的是尽量开发产品本身的内涵，在这些内涵中找出最能打动消费者的元素，再将这些元素用适当的广告形式传播出去，达到促销目的。"与生俱来的戏剧性"理论从产品本身出发，一切都围绕产品来做创意，是"从产品本身看待产品的一种特殊方式"。①

☐ USP 独特销售主张

20世纪50年代，罗瑟·瑞夫斯提出了新的广告创意理论USP（Unique Selling Proposition），即"独特的销售主张"。USP的主要观点是：1.每一则广告必须向消费者"说一个主张"，让消费者明白购买其产品可以获得什么具体的利益。2.所强调的主张必须与众不同，是竞争对手做不到的。3.所强调的主张必须集中一个诉求点并使之具有强烈感染力。USP理论可以看成是"与生俱来的戏剧性"广告理论的一种延续。光靠开发产品内部"与生俱来的戏剧性"还不够，还要保证这种"戏剧性"是独一无二的，是竞争对手不具备的。可见，USP带有强烈的"竞争"含义，它必须保证自身品牌在同类竞争品牌中有与众不同的卖点。此外，USP的Proposition绝不仅仅来自产品本身，还可以来自消费者对产品的

① ［美］朱丽安·西沃卡：《肥皂剧、性和香烟——美国广告2000年经典范例》，光明日报出版社，第354页。

戛纳金奖　美国《耐克系列》

使用和感觉。例如某国产胃药广告，特效合成表现的胃部鼓起、膨胀、收缩和扭曲，表达的是胃痛时的感觉，以此衬托出该胃药消除胃病、缓解胃痛的主要功效。这个销售主张不再是胃药本身，而是人们对胃痛的不安和恐惧。

□ 品牌形象论

20世纪60年代，经济逐渐发展，市场竞争愈来愈明显，同类产品的品种日益增多，导致了产品之间的差异性越来越小，品牌之间的同质化程度越来越大。无论是"与生俱来的戏剧性"还是"USP"都摆脱不了产品功效的元素及其扩展，立足点只限于产品本身，使得"戏剧性"越来越难找，USP的unique也难以凸显。随着人们生活水平的提高和消费观念的改变，消费者开始重视在消费行为中获得精神和心理方面的满足。在这种情况下，大卫·奥格威的品牌形象论应运而生。

品牌形象论（Brand Image）认为，塑造良好的品牌服务是广告最主要的目标。当产品丰富时，消费者不会简单地只为了产品功能而去购买产品，因为产品功能的满足很容易得到。消费者会凭借一种对品牌良好的感觉和印象产生购买动机。所以广告就是要力图塑造一个高知名度的品牌形象，并且任何一个广告都是一种积累，都是对品牌的长远投资。想方设法强化产品的文化内涵，让消费者得到他们所认同的实质利益和心理利益。相对于USP，品牌形象论超越了产品的物质层面而进入了精神层面，表达的方式是以一种可见可感的动人形象

直击消费者心灵。例如奥格威为哈赛威衬衫做的广告，他用戴黑色眼罩的男子形象塑造了富有品位的浪漫品牌形象；又如万宝路香烟广告塑造的豪放粗犷的西部牛仔形象等。广告宣传将品牌形象和产品有机地联系起来，赋予它们之间必然的文化层面的联系。人们为了追求和体验广告所营造的独特印象和感觉，从欣赏产品形象开始，逐渐地喜欢产品本身。

□ 冲击力

另一位广告大师、美国DDB广告公司总裁威廉·伯恩巴克创立了"实施重心法"理论。他的这一理论与品牌形象论有异曲同工之妙。不管怎样，品牌形象论的广告理念仍然以产品为广告立足点，只是为产品找一个形象的表达。伯恩巴克的"实施重心法"理论有两个关键:形象和幽默地表达，也就是说用形象的方法，用幽默的方式来传递广告信息，为产品找到形象表征，使之产生冲击力。"实施重心法"让消费者从直接与物质产品相接触转换成与产品形象相接触，随即实行购买。当消费者跟越来越多的商品形象接触，他们的理解力受到阻碍，他们的判断和选择变得越来越困难，再好的形象消费者也难以辨别，所以到20世纪70年代定位理论诞生。

□ 定位理论

1969年到1979年间，阿·里斯和杰克·屈特提出了新的广告理论——定位理论。到了20世纪80年代，定位理论在业界流传被奉为经典。两人合著出版的《广告攻心战——品牌定位》（中国台湾，刘志毅译）

指出定位是一种新的传播沟通方法。定位理论的核心是使某一种品牌、公司或产品在消费者心目中获得一个据点，占有一席之地，占据一方空间。这样消费者在面对五花八门的品牌形象时，就会有一个刻骨铭心、难以忘怀、不易混淆的优势形象在心中。只有在心智上做文章，消费者才不会产生判断迷惘，才能创造出一个心灵空间，才能使广告表现出差异性。消费者只要产生了需求，就会第一时间想到广告中这一品牌、这家公司或产品服务，达到"先入为主"的效果。如劳斯莱斯汽车定位于贵族气派，VOLVO汽车定位于安全，BMW汽车定位于驾驶乐趣；又如"只有可口可乐才是真正的可乐。""百事可乐，新一代的选择""SHARP录像机——钛磁头"等。定位理论是一种"广告形象"先入为主策略的实施。这种定位的方法经常运用于品牌竞争策略之中。

□ CI理论

20世纪70年代，随着同类产品越来越多，广告人士发现这样一种情形：消费者经常在看过广告之后根本分不清这种产品的生产商是谁，产品和企业的关系混淆不清。在这种情况下，一种被称为"企业识别"的CI（Corporate Identify）理论出现了。CI作为一种企业系统形象战略被世界各地的企业广泛应用，掀起了一场企业"形象革命"运动。CI理论的主要观点是：一、广告内容必须与CI战略所规定的整体形象相统一，CI战略中的广告应注意延续和积累广告效果；二、CI理论中的广告应着眼于塑造公司的整体形象，而不仅仅是某一品牌的形象。

戛纳铜奖
英国《Stella啤酒》

□ 品牌性格论

随着时间的推移，随着品牌形象广告的成功，各类品牌都在树立自己的形象，以为把品牌形象树立好了就无往而不胜了。但是，正是因为同类同种产品太多而造成USP的危机，雷同相似的形象也使品牌形象难以凸显个性并创造差异性。在这种情况下，国际著名广告公司GREY（译为"葛瑞"或"精信"）提出了品牌性格论。他们认为品牌的性格可以用"品牌性格=产品+定位+个性"这样的公式来表达。即广告创作和广告推广不光强调"说什么"，不光说产品、说形象，还要突出个性。其理论要点是：1.在与消费者的沟通中，从产品到形象再到个性，个性是最高境界，品牌个性比品牌形象更进一步、层次更高。形象只是创造认同，个性可以造成崇拜。2."如果品牌是一个人，它应该是什么面貌，什么性格"，强调品牌人格化，找出其价值观、审美观、声音与行为特征。3.用独特的主题和视觉符号塑造品牌个性，使之独具一格、记忆深刻、打动人心。4.寻找适当的象征物来突出品牌个性。如诺基亚"科技以人为本"，强调了诺基亚以科技引领潮流，以满足人们的生活需要为主导思想的企业理念，它代表的是一种人文科技精神。如飞利浦"让我们做得更好"，突出了飞利浦科技先进的优势与谦和的态度，同时倍添亲和力。"Just do it"（耐克）在全世界的运动品牌中非常有个性，宣扬了独特的运动理念，"想做就做"暗示你可以用你自己独特的方式运动，运动就在你心中，代表着运动的文化和精神。

□ ESP 情感销售主张

现代社会商品日益丰富、产品林林总总，同质化越来越高，人们对产品的功能需求逐渐减少，反而转向于产品的情感层面。因此，一种全称为"Emotion Selling Proposition"的ESP（情感销售主张）理论出现了。ESP理论不是从具体的产品出发，而是倾向于诉求购买产品所带来的独特情感体验及消费者形象，从情感的层面发掘出产品与目标受众的连接点，与之进行沟通。它的优点首先在于可以软化广告，使广告富有亲和力，硬性推销容易使消费者产生拒绝心态，采用情感诉求可以使消费者在不经意间接受产品或服务信息。其次，它容易形成和丰富品牌个性。再者，由ESP发展出品牌故事，以情动人，深入人心，产品的特性与品牌个性相符，满足目标消费者心理，使产品增添文化内涵。

□ IMC 整合营销传播

20世纪80年代，美国西北大学教授丹·E.舒尔茨提出了整合营销传播理论，其英文全称为"Intergrated Marketing Communication"，简称IMC。该理论的提出是当时以消费者为导向的营销思想的兴起。整合营销传播至今是风靡世界营销界的理论，从某种意义上说是过去广告理念承前启后的拓展、综合和延伸。当所有的广告都用一种思路通过控制消费者的心智来达到广告目标的时候，那么消费者的心智会在大量的控制之下麻木不仁。广告与广告之间不再是对消费者心智和市场的控制，而是转向传播的策略，比拼谁的传播力度大、传播渠道更合理、传播的信息更能覆盖自身产品的目标消费群，以及传播的信息更有效并打动消费者。

整合营销传播是指将广告、促销活动、现场广告活动、公关、企业形象推广、直接营销等所有宣传手段进行战略性组合，以谋求取得最佳宣传效果并拟定市场营销战略方案。营销四要素"4P"是产品、价格、渠道和促销，而广告创意只是促销因素中的一部分，广告创意必须符合整合营销的基本内容。广告如果不与其他传播形式结合就很难达到理想的效果，一种传播活动如果不与其他传播活动密切联系起来也很难取得轰动效应。IMC的核心就是在实现与消费者的沟通中，从统一的传播目标出发，制定出适当、准确的销售信息，然后运用和协调不同的传播手段，使不同的传播工具在适当的时机发挥出最佳的、统一的、集中的效果，使这一确定的信息传播到适当的目标受众，同时又有适当（合理）的成本。IMC追求的是与消费者建立起长期的、双向的、维系不散的关系，除了广告、公关、促销、CI等固有的传播手段外，还应将其他手段整合起来，其传播的手段是无限的。只要能协助达成营销传播目的的都是有效的手段。这么多的传播手段都在传达着统一信息。

第三节 影视广告的表现手法

一、比较式广告

比较式广告也叫对比广告，是用一种产品与同类产品做比较，目的是诉求本公司产品的优势及带给消费者的利益，可以将特殊的产品（有技术含量和独特功能的）与一般的同类产品比较，也可以与竞争对手的产品比较。比较式广告的尺度一定要把握好，否则容易诋毁其他产品的广告，违反法规和公平竞争的原则。比较式广告能使受众直接地了解产品之间的优势及差异性，并得出结论。

早年的《海飞丝（Head & Shoulders）洗发水广告——去屑篇》用的就是这种方法。它的广告语为："普通的洗发水用了以后还有头屑，而用海飞丝洗发水头屑去无踪。"广告里还用了双画面，一边是普通洗发水使用的前后，另一边是海飞丝使用的前后，两者对比，海飞丝不仅可以去除头屑，还留下一层保护膜呵护头发。广告很快就让消费者留下印象，认为海飞丝就是一种去头屑的特殊洗发水。下图《飞柔洗发乳》同样采用比较式的手法。

二、产品实证式

"创意在产品中找！"这是我们常说的一句话。很多新上市的产品或新推出的高科技含量的产品，它们自身就具备鲜明的特点。用产品特点来做实证性的示范，比起其他表现手法更有说服力。但是，这种产品展示形式一定要真正挖掘到产品最显著的独特功能、造型或使用方法等，同时要让受众感到有趣味，否则就会显得平淡无味。

奥美广告公司曾经有这样一支玻璃钢锅广告：一个带把手的铝锅放在猛烈的炉火上烧，一会儿就被烧得变形，甚至开始熔解。

比较式广告案例　《飞柔洗发乳》

产品实证式广告案例　《奥迪A6》

一只手入画将烧变形的铝锅丢出画外。这时，一个××牌的透明玻璃钢锅放入画面内的炉灶上，一阵猛烈的炉火狂烧，玻璃钢锅毫无损坏，丝毫不变。火继续烧着，一只手再拿来一个铝锅放入玻璃钢锅里煮，只见玻璃钢锅里的铝锅又被煮得扭曲、变形。手入画拿起玻璃钢锅将煮烂的铝锅扔出画外，再将玻璃钢锅伸向镜头，玻璃钢锅完好如初，品牌清晰可见，出广告词：耐高温的锅。这条广告前后不需语言和解说，让人一看就知道产品的坚固性和耐热性。

又如一例产品实证式的××吸尘器广告：一个男人将一台吸尘器放在地上，随手拿出一个灯泡，他把灯泡放在地毯上将它踩爆，地毯上一堆碎玻璃，他用吸尘器对着一堆碎玻璃吸了一阵，然后拖下袜子，光脚丫在地毯上拼命地踩呀、搓呀、蹭呀，最后将脚丫子对准镜头，脚丫干干净净，没有伤痕、创痕……一个镜头拍到底，没有剪辑，没有特效，让你心服口服，广告的震撼力顿时见效。

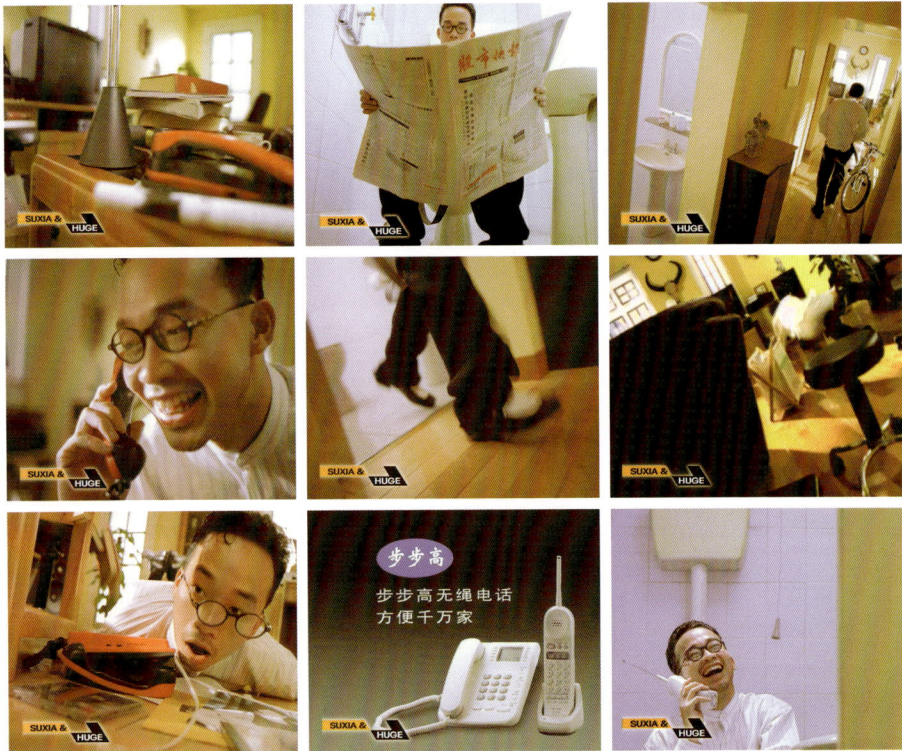

夸大问题点方式广告案例一 《步步高无绳电话——尴尬篇》 苏夏导演作品

夸大问题点方式广告案例二 《步步高无绳电话——邮差篇》 苏夏导演作品

三、夸大问题点方式

这是一种罗列各种问题点之后抖包袱的创意风格，先将产品带给消费者的利益点隐藏起来，用夸张的手法，将没有使用本产品或服务之前所造成的负面问题点夸大，并对这种问题进行解答，把问题的"之前"与"之后"通过幽默、趣味性的情节来进行比较，有因有果，问题点夸张得越大，产品出现的时候越显得有力而突出。这种手法是许多创意人惯用的手段，很传统，但很有说服力，也极具娱乐性。

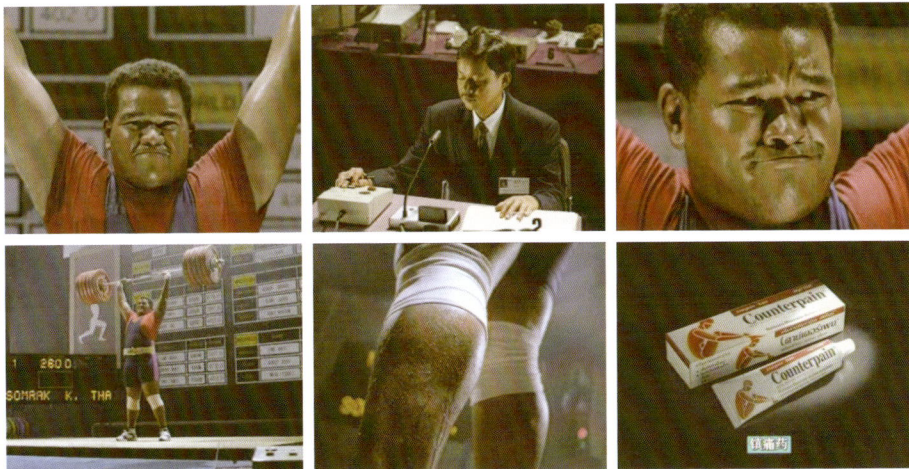

夸大问题点方式广告案例三　泰国《镇痛药——举重篇》

夸大问题点方式广告案例四　《鲜一步桑菊茶——降火篇》　苏夏导演作品

四、"3B" 原则

所谓 "3B" 即 BEAUTY（美女）、BABY（婴儿）、BEAST（动物）。青春漂亮的美女、天真活泼的孩童、憨态可人的动物，最能博得人们的怜爱并使人快乐。影视广告经常运用 "3B" 原则进行创作，以达到引人注目的目的。

1.BEAUTY

美女在任何时候都会吸引人们的眼球，爱 "美" 之心人人有之。用美女来做 "形象代表" "亲善大使" "产品代言人"，就是一种 "注意力经济"。无论在国外还是国内，请各种美女来为企业产品做宣传的广告比比皆是，美丽的容貌与骄人的身段对消费者有强烈的视觉冲击，"美女" 如一道亮色让广告生辉，使广告不再单调乏味。对企业而言，利用美女做广告可以提高产品的关注程度和购买率，也很时尚。观众在看这种满足视觉美感的广告时，也比较容易接受。

2.BABY

儿童或褓褓中的婴儿是非常招人喜爱的，在广告中运用可爱的孩童来做表现元素是很讨巧的。像麦当劳广告的婴儿哭笑篇，像依云矿泉水的婴儿篇，禁毒广告的婴儿玩刀篇，都是用 Baby 表现广告信息的最好例证。

3.BEAST

没有人会抗拒由一个可爱的动物来演出的广告，有趣的动物能做出令人叫绝的动作行为，足以给广告增添鲜活的灵性，通过这种直观逗乐来打动人心。

"3B" 原则广告案例一 《宜家家具》

"3B" 原则广告案例二 《邦家火腿肠——海豚篇》 苏夏导演作品

"3B"原则广告案例三　《润田纯净水——女人与水篇》　苏夏导演作品

"3B"原则广告案例四　美国《麦当劳》

"3B"原则广告案例五
法国《依云矿泉水》

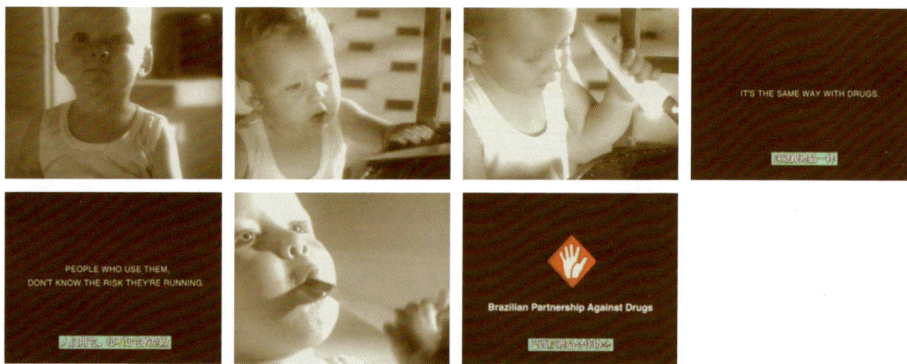

"3B"原则广告案例六 巴西《禁毒公益广告》

五、名人代言式

名人是大家熟悉的、倍感亲切的公众人物。商家使用名人来推销产品，就是希望吸引消费者眼球，将这种魅力转移到产品上来，以刺激大众的关注度和兴趣度，提升产品的知名度与认可度，并赋予品牌更多的附加值。

人们有追星的心理，对名人会有信赖感和亲切感，因为有名人推介产品，人们就会产生崇拜心理，群起跟风，并产生模仿的冲动与行动，这对产品和企业有益。广告主不惜重金聘请名人代言，求的就是名人的"号召力"。这样既能较好地推动产品销售，又能让人觉得企业是大品牌，同时也使经销商对产品充满信心。但是，选择名人要慎重，必须综合考虑个人形象、受欢迎程度、知名度、亲和力、权威感、潜力趋势和喜爱他们的目标消费群等因素，必须注意名人的丑闻及负面影响。选择不当，会给产品和企业造成不利的后果，所以在人选方面一定要考虑周全。如果选择得当，借助名人的光辉，广告威力将十分强大。

名人代言式广告案例一 新加坡《VISA卡》

名人代言式广告案例二
《杰科DVD》 苏夏导演作品

六、卡通人物式

广告创意中经常运用卡通人物或吉祥物来做形象代言。如七喜饮料广告有个菲都（Fido）、麦当劳餐厅有麦当劳叔叔、KFC有肯德基上校等。也有用真人装扮成一种特殊的符号来做中心人物的。卡通人物（中心人物）的设计塑造与它们极具趣味性的故事情节，都是广告创意借此发挥的依据。卡通人物的可爱、逗趣，很容易吸引青少年，使他们在看到这一形象时联想到产品或服务。食品、饮料、快餐、奶制品等类的广告，经常使用这种方式，卡通人物式的创意比较容易流传，但要做得好，需要一定的广告量。

卡通人物式广告案例一 《可口可乐》

卡通人物式广告案例二 《Levi's牛仔裤》

卡通人物式广告案例三 《CIF洁剂》

七、比喻象征式

比喻式广告在国内外都很通用，这类广告把产品的功能、服务或产品的重要性，用比喻和暗喻的手法将其形象地表达，让消费者一目了然，达到传递信息的目的。比喻式广告一定要创意独特，不重复别人的思路，要用得恰到好处。比如用猎豹来比喻汽车的速度，用骆驼来比喻汽车的耐力，用衣服来比喻酱汁，用玩具象征孩子等。

比喻象征式广告案例一 《奥迪A4》

比喻象征式广告案例二 《BISTO酱》

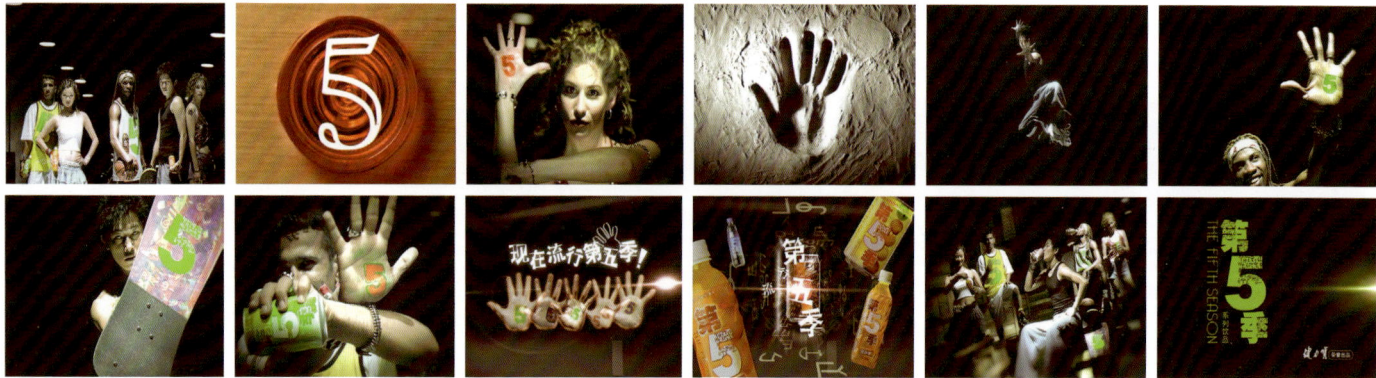

歌舞式（音乐风格）广告案例一 《第五季饮料》 苏夏导演作品

八、歌舞式（音乐风格）

音乐是人类无国界的共同语言，歌曲是最具感性煽动力的元素。采用流行音乐或舞蹈创作影视广告，很容易引起观众的感情波动。流行音乐大都具有旋律简单、易学易记等特点，将广告的信息放在音乐里，朗朗上口的歌曲容易相互传诵、风行一时。

将广告拍成 MV 的形式，是近年来音乐风格广告的演变。广告音乐给了广告很多创意的元素，通过提炼组合，能较明确地说出广告的卖点和信息。歌舞式的广告，整体感觉较轻松，动感十足，可以做得气势恢宏，也可做得行云流水。

歌舞式（音乐风格）广告案例二
英国《英国电讯》

九、生活片段式

"生活片段"（Slice Of Life）是曾经在纽约艺术总监俱乐部的年会上提出来的创意手法。这类手法其实很简单，就是描写实际生活当中的某一片段与产品之间的关系，用生活的小情节来表现产品带给人们的利益点。这种广告贴近生活，不能虚构。围绕消费者生活的一种方式，人物的设计也符合目标消费群，将这些元素进行截取、整理归纳为简单的故事情节，来展示产品在生活中的重要性。这种风格亲切、自然、很平和，容易引起观众的代入感。

生活片段式广告案例一 《曲美减肥胶囊》 苏夏导演作品

生活片段式广告案例二 《BIC剃须刀》

十、怀旧风格

怀旧风格往往能表达动人的故事或浪漫情怀，有强烈的鼓动性，容易让人产生亲和力，是情感诉求广告的手段之一。这类广告在怀旧中追寻过去的美好时光，表达浪漫的浓情蜜意，在与受众的情感交融中传达出产品的信息。

怀旧风格广告案例 《福润得盐水鸭》
获香港Design2000 Show亚洲区影视最高奖 苏夏导演作品

散点式（多情节片段）广告案例一 《步步高电子词典——残缺篇》 苏夏导演作品

十一、散点式（多情节片段）

这类广告用同样人物在不同场合的言行片段或者不同人物在不同场合的言行片段来演示同样的主题或口号，先展示不同场景的某种现象或行为，将其有机地排列或循序渐进，最后抖出包袱，作为总结和归纳，使前面多情节的现象与后面的结果相呼应，凸显主题，使广告信息在瞬间让人心领神会。

散点式（多情节片段）广告案例二　英国《耐克》

散点式（多情节片段）广告案例三　美国《TAG运动手表》

十二、戏剧冲突式

这类广告有戏剧性的故事情节或矛盾冲突，通过有趣的、跌宕起伏的情节和人物表演来吸引眼球，使广告像故事片一样流传开，在娱乐之余传达产品信息。戏剧冲突式广告适合做成系列，将有趣的故事情节不断地延伸和扩展，从而形成品牌个性，为产品与企业增添附加值。这类广告手法要掌握好尺度，千万不能让观众记住了故事情节而忘了产品。

戏剧冲突式广告案例一 德国《奔驰汽车》

戏剧冲突式广告案例二　英国《XBOX游戏》

戏剧冲突式广告案例三　荷兰《阿迪达斯——救鱼篇》

十三、主讲人形式

这类广告由一个人（名人或普通人）对着镜头主讲，主讲人所说的内容要很有创意，在讲的过程中加入相关或不太相关的画面镜头，使之与所讲的内容形成有机的联系，让广告增加变化而更富可观性，动静结合，趣味横生，有效地将理性的广告信息感性化地传达出来。广告人几十年来常常运用这种表现手法，但要将它做好需要很好的功力。

主讲人旁白式广告案例一 美国《NFL——疯狂篇》

主讲人旁白式广告案例二 英国《英国航空》

十四、 特殊效果式（画面特效、声音特效）

这类广告在广告的视觉或听觉上有独到的创意，让人感到新奇，有强烈的视听震撼。它通过技术手段来达到吸引观众的注意力，特技合成能产生许多奇观效果，独特的声效和画面让人耳目一新。利用特殊效果来表现创意可以增强广告的形式感，使广告更具冲击力。

特殊效果式广告案例一　英国《键力士啤酒——冲浪篇》　画面特效

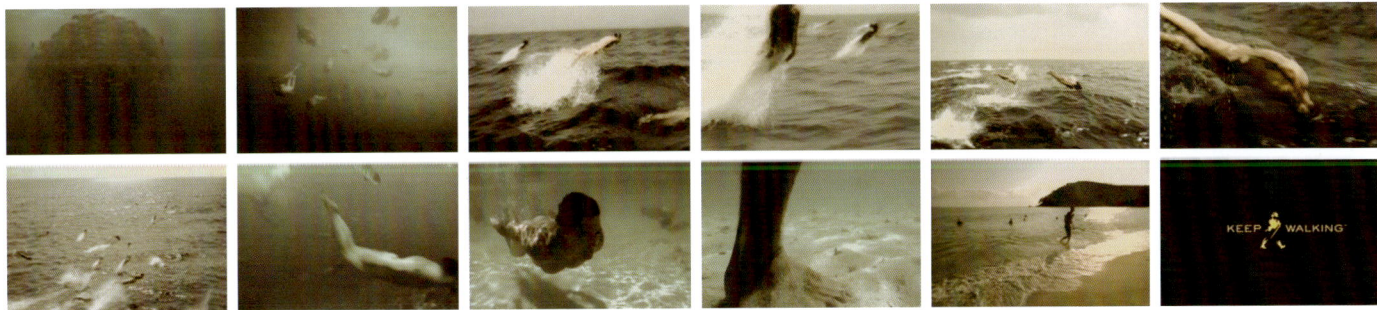

特殊效果式广告案例二　英国《Johnniewalker威士忌——人鱼篇》　画面特效

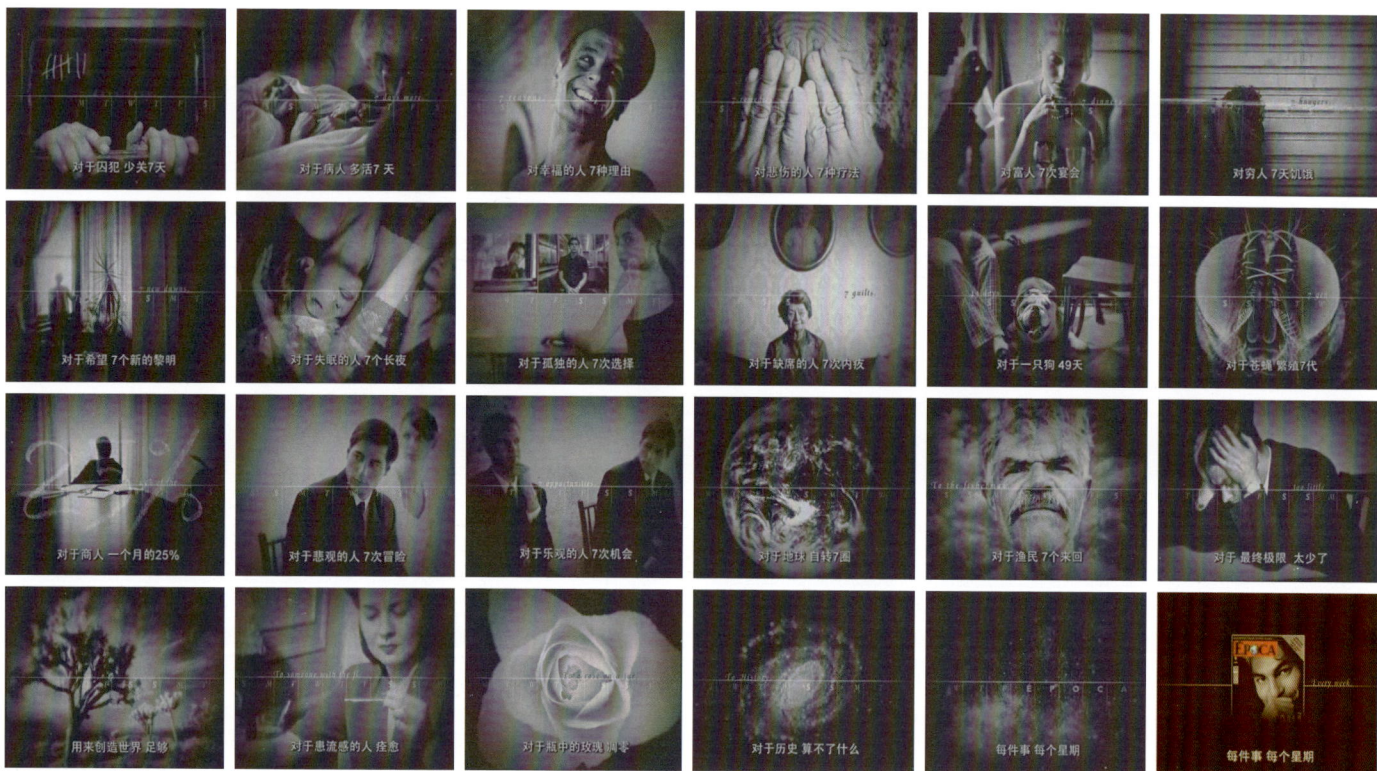

特殊效果式广告案例三 巴西《Epoca周刊》 声音特效

特殊效果式广告案例四　英国《Alta Delta航空公司》　画面特效

十五、电影风格

电影风格通常也称好莱坞风格。创意本身已经是异想天开，通过大制作或大场面来提升广告的震撼力，让观众有极大的视听满足。其风格往往除了场面恢宏、人物众多、悬念性强外，还加入大量的后期特技，耗资巨大，类似好莱坞大片。许多著名的大品牌如耐克、阿迪达斯、可口可乐、百事可乐等经常采用这种手法。

电影风格广告案例一　美国《耐克》

电影风格广告案例二　英国《Stella啤酒》

电影风格广告案例三　《漓泉啤酒——战争篇》　苏夏导演作品

十六、纪实手法（纪录片风格）

此类广告片的拍摄来自生活，用最平实的纪录片手法来展示产品或服务，像是对生活的真实记录。这种纪实风格很自然，容易贴近观众，增加可信度，有很强的说服力。

纪实手法广告案例　西班牙《儿童安全基金会》

十七、"性"含义广告

性感和暴力在国外常常作为广告的一种表现手法。"性"往往是吸引人的话题，这类广告关键是对"性"的尺度把握，有性的感觉而又适可而止。"性"用得恰到好处可为广告增辉添色，诱导观众产生联想并将其注意力吸引到产品上来，以此达到目的。许多香水、名酒或服饰等产品经常使用"性"来做广告。

"性"含义广告案例一　法国《AXE香体液》

"性"含义广告案例二 法国《AXE香体液》

"性"含义广告案例三 《皇室咖啡——办公室篇》 苏夏导演作品

十八、纯字幕广告

这类广告的画面全用字幕（字体）来表现。此类广告的关键是字幕的内容要有创意，极富情趣，让人一目了然。纯字幕广告形式感方面要做足功夫，字体的排列和色彩搭配要醒目，字幕的出法和相互连接很讲究，字体与图形的编排必须从属于创意内容。

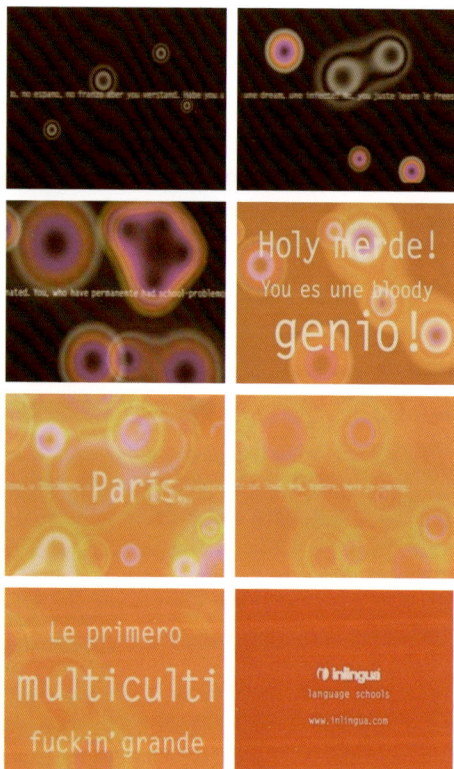

纯字幕广告案例 德国《Inlingua语言学校》

十九、方言式广告

此类广告利用方言（俚语）的独特语音或情趣，通过对话与调侃，或诙谐、或幽默地将产品的特性和功能效果展示出来。方言式广告虽然生动、风趣，但有时会受地域上的限制，故此它的针对性很强。广告创意者在使用这一表现手法时必须精确地瞄准消费群体，尽量寻找出方言在传播区域的共性问题，以达到信息传播的最大化。

方言式广告案例　美国《百威啤酒——Whassup!》

二十、系列性广告

由两支或三支以上表现同一主题、同一概念的广告形成组合，即为系列性广告。系列性广告有强烈的延续性，每支广告之间相互关联，承前启后。系列性广告有同样人物同样事件的发展，有不同人物同样事件的发展，有同样人物不同事件的发展，也有不同人物不同事件的发展，但它们的诉求点是统一的，传达着同一个概念，影片的风格特点往往是相似的。纵使在表现风格上有差异，它们的主题与概念必须是一致的。幽默性的广告往往需要一定的数量来支撑，这就需要故事不断延展，需要拍摄成系列性广告。

系列性广告案例一　美国《MTV音乐频道——沃加兄弟》

系列性广告案例二　　日本《日清杯面系列》

二十一、借力方式

产品本身没有很大的名气，品位也不是很高，却要借助明星、名流望族、政界要人、权威人士或权威机构的名分来提升自身价值，以此获得消费者的青睐，这种广告方式被人们戏称"狐假虎威"式。例如，劲霸男装广告大言不惭地吹捧自己"入选法国卢浮宫的中国唯一品牌男装"，其实劲霸男装只是在卢浮宫举办的中国文化年的场服装秀中参与过展示，广告创意者便将事实夸大，借助卢浮宫这一世界艺术宫殿的名头来抬高劲霸男装的地位。

借力方式广告案例　《DELL笔记本电脑》

二十二、恶搞风格

这是近年来较流行的表现手法，将原本正常或美好的事物，用自嘲、戏说、调侃或讽刺等手法进行重新演绎或组合，将正负两面颠倒，以相反的角度来揭示事物的本质，以相反的角度来表达事物的美好。这种表现手法过程比较负面，比较刺激，但其结果很美好。这是将文章反过来做的一种表现手段，以奇制胜。

恶搞风格广告案例 《中国美术学院影视系招生广告——监狱篇》 中国美术学院学生作业

二十三、意识形态广告

此类广告注重目标消费群的社会意识形态，诉诸消费者的潜意识，不强调产品的功能效果，而强调品牌带给人们的心理感受。其风格特点是形式感极强，形式大于内容，画面影像力图唯美。意识形态广告大量运用内心独白、梦幻、白日梦或象征等手段淡化情节，打破传统的时空概念，采取时空颠倒，强化人的自由联想，弱化理性产品概念而以感性视听取胜。

意识形态广告案例一　法国《法国奇士香波》

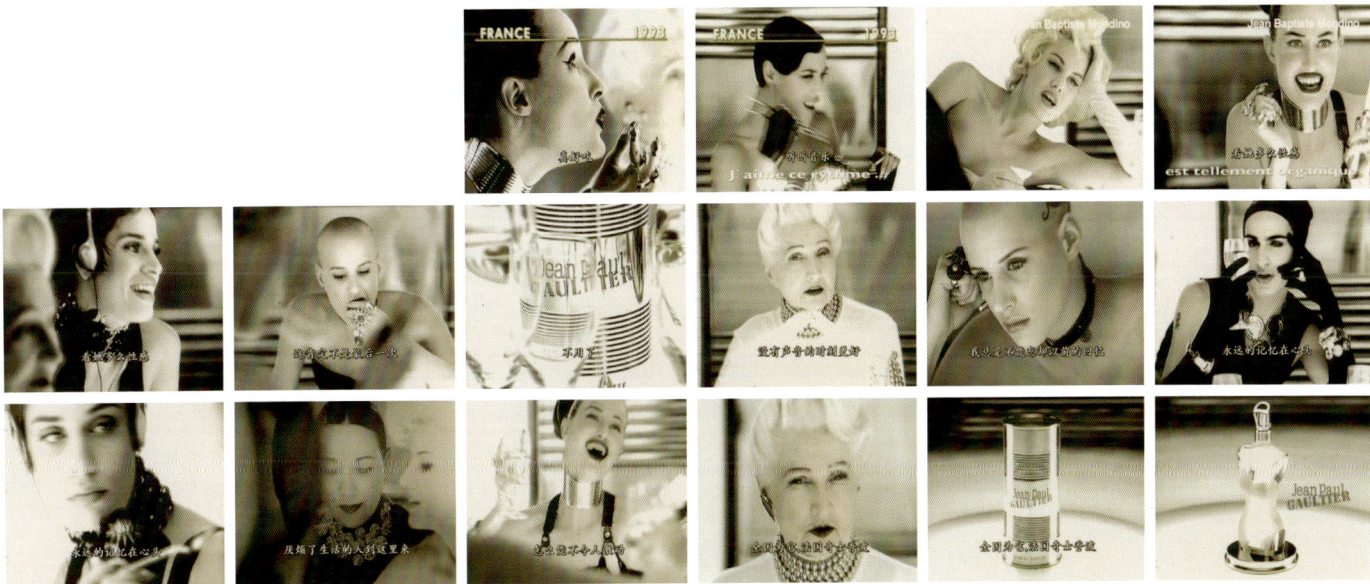

意识形态广告案例二　法国《法国奇士香波》

二十四、传统戏曲风格

这类广告利用传统戏曲的人物、脸谱、唱腔、道白或剧中情节（典故）等元素，来表现产品功能特点或服务。戏曲中的历史人物、精彩唱腔、道白片段和情节深入人心，将戏曲中的诸元素进行改动或重新演绎，适当地加入产品信息，可能会取得意想不到的效果，对一定的目标消费群有极大的吸引力。

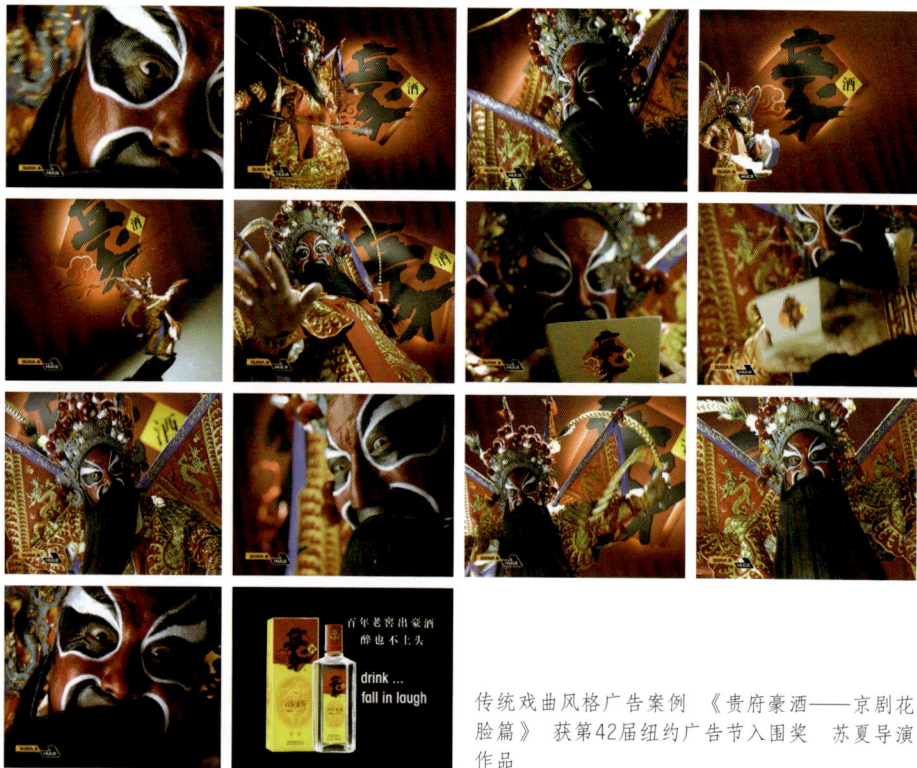

传统戏曲风格广告案例 《贵府豪酒——京剧花脸篇》 获第42届纽约广告节入围奖 苏夏导演作品

二十五、汉字、水墨与图腾类广告

将汉字、部首、同音字等元素利用在广告表现上，或者用中国水墨、书法及各种寓意吉祥的图腾图案作为广告表现手法，使这些元素稍加演变或重新组合，会形成一种新的视觉语言。借用汉字的结构造型和丰富内涵，运用水墨字画和图腾纹样的形式感来表现产品功能和服务，如果运用得当，同样可以变成令人耳目一新的创意，简单明了，形式感极强，是华文影视广告经常用到的手法。

图片来自《饕餮之夜》

汉字、水墨与图腾类广告案例 《浙江电视台》 李耕导演作品

值得一提的问题：

1. 广告策划的含义是什么？

2. 广告策划的基本任务是什么？

3. 广告目标主要包括哪几个方面？

4. 成功的广告目标应具备哪些基本特性？

5. 影视广告的创意简报包括哪些内容？

6. 在广告创意中应遵循什么原则？

7. 头脑风暴法是谁首创的？除了头脑风暴法还有哪些创意思维方法？

8. 简述詹姆斯·韦伯·杨"创意过程论"的基本要点。

9. 用各种影视广告表现手法和风格进行广告创意练习。

本章要点：

1. 广告策划的基本任务

2. 成功的广告目标的基本特性

3. 广告创意的概念

4. 创意原则与思维方法

5. 英国心理学家沃勒斯认为，艺术创造一般要经过准备、酝酿、明朗、验证四个阶段

6. 詹姆斯·韦伯·杨提出的"创意过程论"

7. 创意主张（广告理论简述）：产品即英雄、USP独特销售主张、品牌形象论、冲击力、定位理论、CI理论、品牌性格论、ESP情感销售主张、IMC整合营销传播

8. 影视广告的各种表现手法

第三章 | 影视广告制作与管理

第一节 影视广告制作的管理

我国影视广告正在快速发展，随着科技日新月异的发展和观念的不断更新，影视广告的表现形式和制作手段也呈现出多样化。先进的制作方式和管理方法可以使广告的创意得到尽善尽美的表现，将原来想象中的创意文案（文字脚本）变成可闻可见的运动影像。这个从萌芽到结果的历程是一个将错综复杂的技术操作与艺术创作高度相结合的过程。

有了精彩绝妙的创意，还要有精益求精的制作。优秀的创意是影视广告成功的前提，精良的制作是影视广告成功的保障。"细节决定胜败"，在制作上对细节的精心处理，才能使广告有极佳的视听效果，增强冲击力，使广告更趋完美。那么，广告制作过程中的管理便显得极其重要，下面，我们先介绍一下制作过程中的一些管理问题。

一、创意总监（Creative Director）和制作总监（Production Director）的职能

创意总监是针对广告代理公司而言的，他要将客户审查通过后的创意方案（Story Board）与制作公司进行沟通。他的职能工作包括众多环节，诸如广告的创意、修改、定稿，并让客户认可，以及与制作总监选择导演，确定制作公司，与制作公司交流及监控制作的全过程，负责创意与制作的质量。

制作总监指的是广告代理公司的制片人，他要负责保证整个 TVC 项目在计划内按预算顺利进行。

总之，创意总监和制作总监要发挥策划、组织、指导和控制四个方面的管理。

1. 策划与组织

影视广告是整体广告活动的一部分，是企业商品实施市场推广、实现广告目标的手段之一。广告代理公司在长年服务企业的过程中，对企业的营销策略、广告目标、消费群体、产品定位及广告风格等状况非常熟悉，在影视广告创意与制作这一环节中，能起到策划与组织的作用，包括对时间的分配，完成广告片所需的时间周期，根据不同的制作规模和技术要求，掌握住制作周期的安排。

2. 指导与控制

指导制作公司前期和后期工作也是一项重要的任务。选择合适的广告导演，对导演的执行能力、执行情况，摄制组的班底组合以及与主创人员的沟通，都要起到指导性的作用。广告导演在客户与广告公司、客户与制作公司起到沟通的桥梁作用。

创意总监和制作总监还必须随时掌握影视制作工艺上的技术变化（如最新的数字技术），对选择什么样的技术手段和工具要有所了解。

二、控制制作成本

制作总监要有一个合理的工作进程计划，随时监督每项工作所花的时间及制作公司提交的制作费用报价，只有这样，才不会超预算。制作总监必须花大量的精力控制计划外的开支。

大多数企业都希望自己的影视广告能有强大的冲击力和更高的关注率，因此会使用特殊的手段和器材，但是，影视广告容易受高额的设备成本和人员劳务成本的影响。名人演出式的广告花费很大，但业内人士往往用这一铺张的手法，认为这样可以引起人们的注意，使人们增强记忆。事实上并非如此，有许多调查表明，用品牌差别信息、产品差异化或产品功能展示为特点

的广告，实际上比名人广告更为有效，而费用也更低。广告创作人员有时是因为创意过于平庸，无话可说，才动用奢华浪费的制作来进行掩饰。太多的因素对影视广告的制作预算产生影响，像儿童与动物演出式、大牌导演、强大的演出阵容、三维动画、特殊技巧、高速拍摄、外景与内景同时运用、大型的场景搭建和昂贵的道具陈设、动画与实拍合成、超期拍摄及拍摄过程中对脚本有重大修改等。制作总监必须对所有的这些因素有所了解，并对此做出合理的安排。

三、广告导演和执行制片

广告导演是影视广告制作的执行者，负责演绎故事板和脚本，是把广告创意概念演化成有视听的影像画面，将文字脚本或"可视脚本"转化成视听构成的创作者。

导演要在原有的创意概念上进行加工和完善，要用电影的各种视听元素将创意进行演绎和提升，使之更具观赏性和趣味性，使之更具张力。导演要具体说明场景的准确外景、演员的选择、化服道的构想、如何用光、如何拍摄、如何表演、如何剪辑以及如何处理音效等。从某种意义上来说，导演就是整个广告剧组创作的灵魂。导演对于广告的表现力度与质量有着举足轻重的影响。因此，挑选合适的广告导演，关系到影视广告能否得到很好的实施，这是关键。

制片指的是制作公司的制片。制片手上通常有很多导演、后期制作公司及音乐供应商可供挑选。在预备阶段之初，制片必须挑选出最适合这个项目的导演供广告公司选择。和电影导演一样，广告导演在日积月累的工作中逐渐形成自己的专长和风格，有些导演以拍摄动作片和特技片著称，有些擅长拍摄音乐歌舞片，有的善于拍摄故事情节型，有的善于拍摄幽默诙谐型等。一旦广告公司与广告主确定了要拍摄的故事，确定了执行的导演，制片就必须与导演和主创人员商议，对制作成本做一个估算，包括拍摄前的筹备、设备器材、场租、演员、技术要求、人工劳务等其他因素的总费用进行报价。要做到尽量详细、周到和全面，因为预算必须经过广告代理公司的审核通过。

制片还要做出一套完整的拍摄计划，对前期筹备、拍摄阶段、后期制作及客户审片等工作做出明细的推进表，提供给广告主和广告公司，使广告制作有条有理地进行，保障广告制作的顺利完成，同时也让广告公司对广告活动的时间分配有一个准确的依据。

第二节 影视广告摄制媒材

影视广告的摄制有多种媒材。如传统的电影胶片拍摄，通过胶转磁，将光学原理转换成电磁学原理。其他有用数字高清拍摄的，也有用标清 BETACAM 拍摄的；有用 3D 技术或二维动画制作的，也有用实拍加动画合成制作的广告等。但无论是电影胶片还是数字技术，代表的都是一种手段，一种工具。我们在影视广告的制作中要学会选择，根据不同的广告创意、不同的技术要求、不同的播出终端等因素、不同的预算成本、不同的终端播出媒体来选择不同的媒材与制作手段，完成你所要创作的视觉构成。

一、电影胶片广告

1. 电影胶片材质的特性

电影胶片是目前影视广告制作中使用率最高的一种媒材。它的影像品质优势是目前其他材质无法比拟的，电影胶片具有精度高、颗粒细、色彩还原好、宽容度高、解像力强等特性，对反映高精度的画面有优异的表现。通过摄影机的镜头变换，曝光的准确，速度的变化和后期的洗印条件，它可以达到高清晰度的、真实自然的、有空气感和湿润感的理想画面，景深非常好，层次感特强，是电影和影视广告制作最常用的手段和工具。

影视广告的长度很短，往往只有 15 秒、30 秒、45 秒、60 秒，甚至 5 秒。它在媒体轮番播出的重复性使得人们对广告的每一个画面的品质要求很高。为了取得高精度的影像品质，为了更好地表现产品、表现短小精悍的创意，人们常常选择电影胶片来拍摄广告，从而获得精美的画面。胶片的宽容度高和色彩还原好等特性，使胶片在转磁过程中，能够很容易地达到你所需要的影调色彩，胶转磁校色的精度非常细腻，色彩也较准确。

电影摄影机经过百年的发展，已经具备了丰富的拍摄功能，各种先进精密的配件，各类定焦镜头、变焦镜头、广角镜头及 MICRO（微距）镜头，给电影胶片的拍摄提供了视觉变幻的技术支撑。摄影机的升格（高速拍摄）和降格及逐格拍摄等，也为电影胶片的拍摄提供了独特和流畅的运动影像，胶片的光学化学原理使画面影像更趋于自然。胶片的各种类型（35mm、16mm、8mm、65mm 等）、各式片种（灯光型、日光型）及各种感光度，都为电影和影视广告的制作提供了巨大的弹性空间。胶转磁技术的飞跃发展也使广告制作者们对胶片产生愈来愈大的依赖。数字技术的发展，使传统电影胶片的表现力更加强大，数字后期为电影胶片的特技合成创造了前所未有的视觉奇观效果，大大地丰富了影视广告的创作手段。

2. 电影胶片的发展

1889 年	由乔治·伊士曼所推出的透明片基胶卷在市场推出
1909 年	伊士曼醋酸安全片基成功通过燃烧测试
1922 年	柯达推出 Panchromatic 电影胶片
1923 年	柯达推出业余用醋酸安全片基 16mm 反转片与 16mm 摄影机
1932 年	Technicolor 电影胶片推出柯达业余用 8mm 反转片、8mm 摄影机与放映机
1932 年	KODACHROME 推出业余用 16mm 胶片，随后在 1936 年推出 35mm 和 8mm 家庭电影胶卷
1948 年	醋酸安全片基取代硝酸片基
1950 年	伊士曼彩色电影底片，5247.35mm，日光平衡型底片，EI16 正式上市

1952 年　伊士曼彩色电影底片，5248.35mm，
　　　　钨丝灯平衡型底片，E125 正式上
　　　　市，取代硝酸安全片基

1959 年　伊士曼彩色电影底片，5250.35mm，
　　　　钨丝灯平衡型底片，EI50

1965 年　超 8mm 无声电影胶片推出

1999 年　柯达 VISION 800T 彩色电影底片
　　　　5289 推出

2002 年　柯达 VISION2 500T 彩色电影底片
　　　　5218/7218 推出

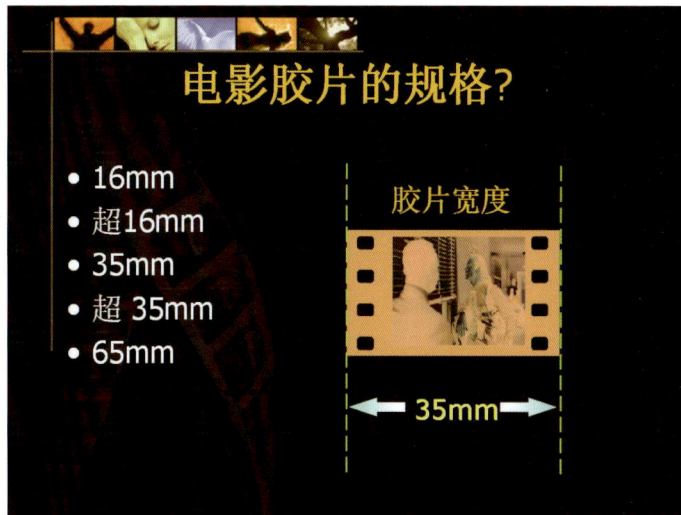

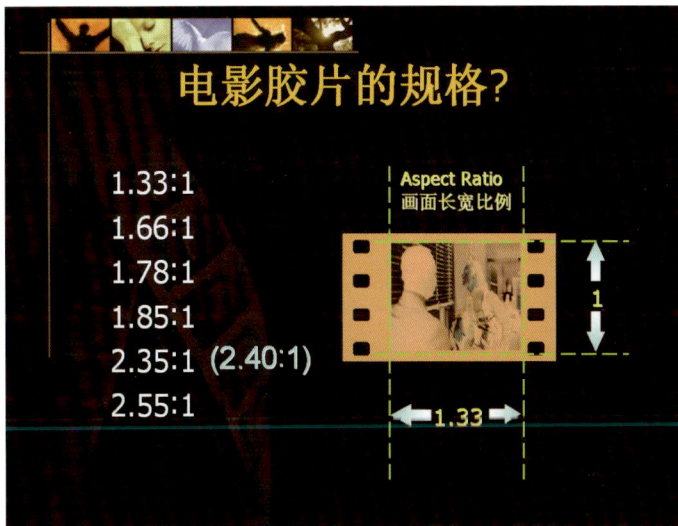

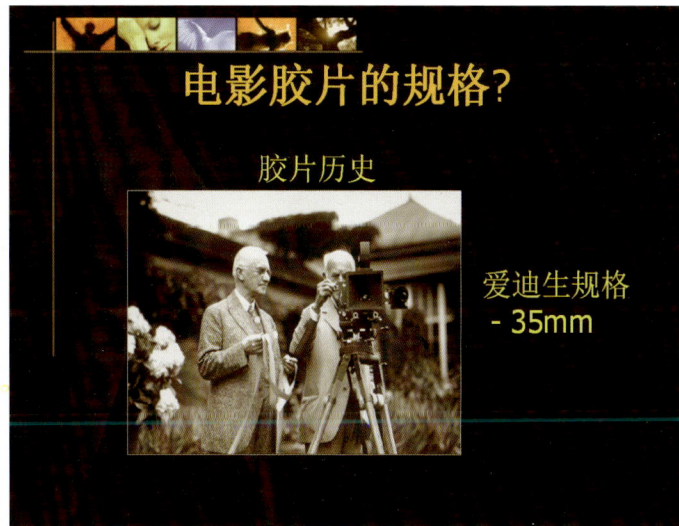

图片由柯达（中国）公司影像娱乐部提供

Kinetoscope

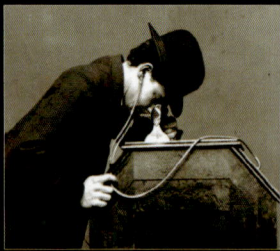

1889年，爱迪生将取自于柯达的**35mm**胶片置于*Kinetoscope*设备内，单人观赏动态影像画面

电影胶片的规格？

The Motion Picture Patents Company

35mm 胶片为业界乐于采用的标准宽度胶片

标准16mm

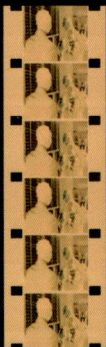

16mm

应用于业余与专业动态影像摄影领域

标准16mm / 超 16mm

16mm　　**超 16mm**

以较低的预算制作出戏院放映的**35mm**拷贝

超16mm

Aaton A-Minima

(www.aaton.com)

S-16mm,2-50 FPS,2kgs ,<30db

超16mm的发展

- 适于HDTV的节目制作
- 提供优异的画质
- 适当的制作预算
- 适用国际各种video规格
- 长期影像保存媒介

35mm 的发展

- 适于电影,广告,高画质 电视影集节目制作
- 适用国际各种video规格
- 长期影像保存媒介

画幅长宽比
1.66:1
1.85:1
2.40:1

画幅规格 — 35mm宽银幕

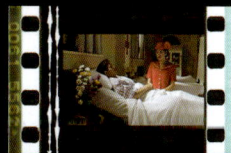

放映银幕画幅 : 1.85 : 1 (1.66 :1)

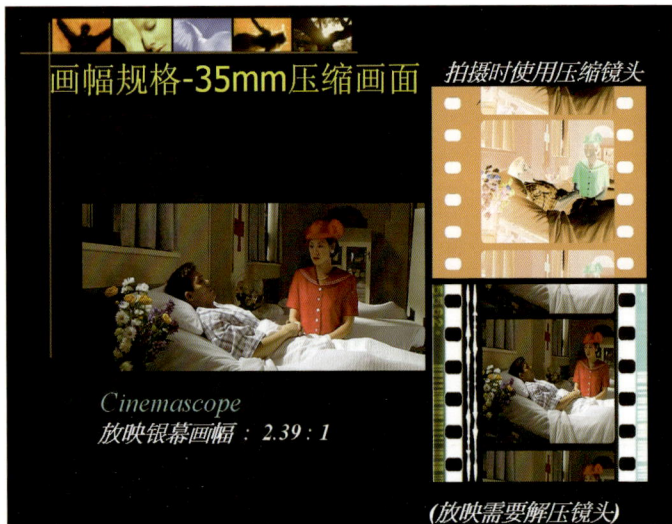

画幅规格-35mm压缩画面 拍摄时使用压缩镜头

Cinemascope
放映银幕画幅：2.39：1

（放映需要解压镜头）

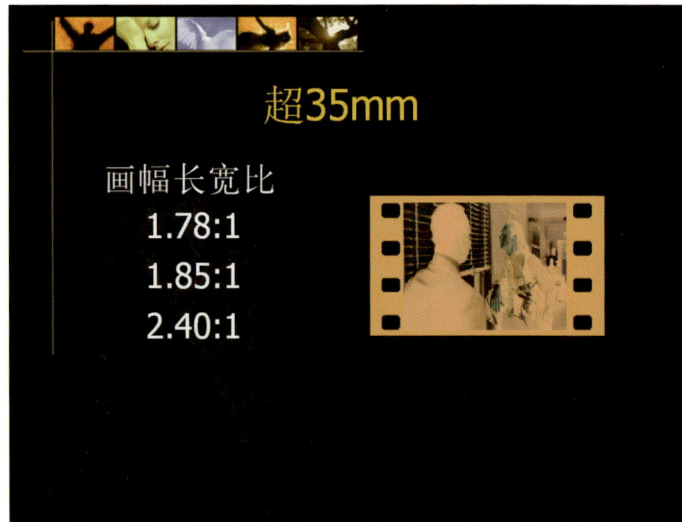

超35mm

画幅长宽比
1.78:1
1.85:1
2.40:1

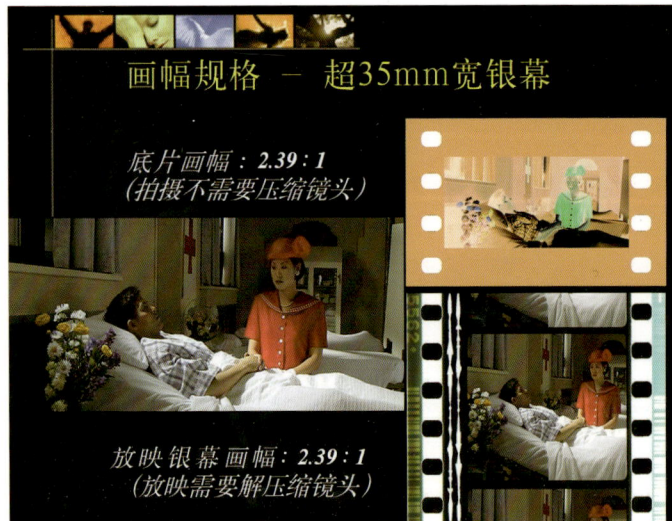

画幅规格 – 超35mm宽银幕

底片画幅：2.39：1
（拍摄不需要压缩镜头）

放映银幕画幅：2.39：1
（放映需要解压缩镜头）

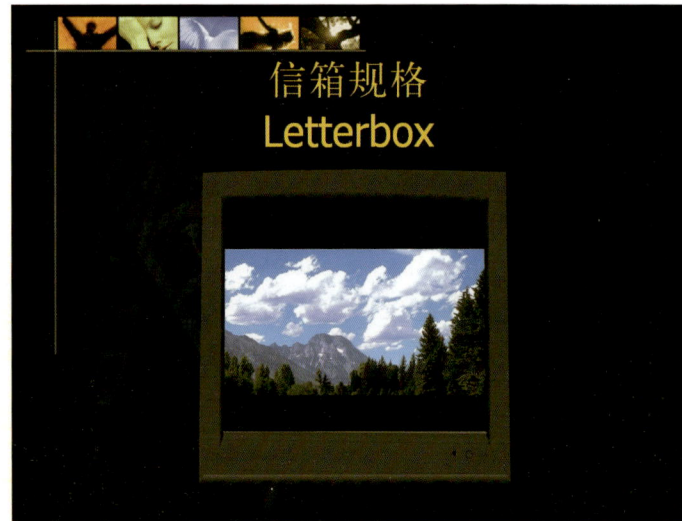

信箱规格
Letterbox

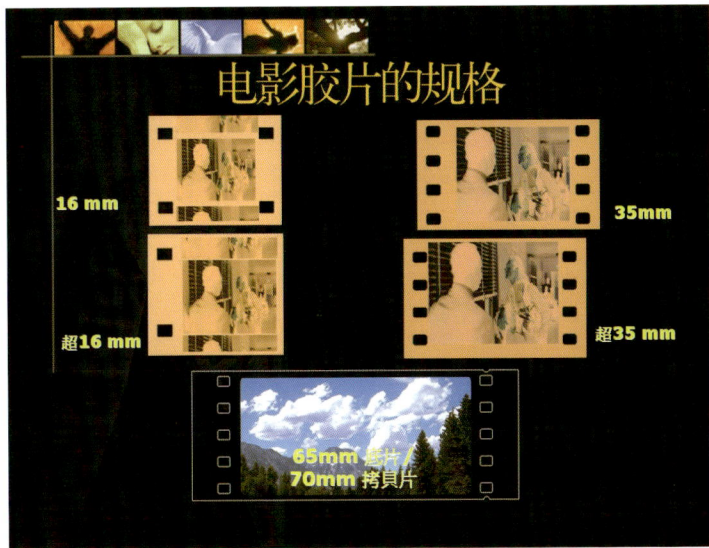

二、数字高清广告

迅猛发展的数字高清技术给传统电影胶片带来了一定的冲击，使影像艺术的风貌产生前所未有的改变，广告制作的手段大大地丰富了。新技术的产生和应用，是未来社会发展的趋势。用数字高清来拍摄的广告，在成本上会低于胶片广告，在拍摄上也比胶片简单。近年来，已有许多创作人员在低成本的广告制作中采用数字高清作为前期拍摄的工具，数字技术逐渐渗透于广告制作的前期和后期。

数字高清技术为电影和广告制作提供了很大的自由度。它的优势在于清晰度的大幅提高，已经接近胶片的清晰度（作为以电视或网络媒介播出的广告，在分辨率上已经足够），这样的水准已令人赞叹。其次是拍摄操作层面的简化，并且制作成本降低，

解决了传统胶片工艺上的拍摄复杂、烦琐洗印流程、影像存储不便和恢复系统较难等缺陷。它可以很快录取所拍的影像，影像的存储也很方便。尤其在低照度条件下，色彩还原和不同层次的表现力较好，引用胶片的概念来说，就是具备优异的趾部曲线，它的伽马值是可以随意调整的。在时间经费有限的情况下，或者天气不好的时候，画面的反差可以得到相应的控制。画面的统一性是广告摄影最重要的一个方面，数字高清技术最重要的一点是，可以改变反差，改变曲线。例如把红的曲线调得陡一点，把蓝的曲线调得平一点，就可以造出你想要的效果，你还可以随意改变颜色的饱和度，这些是传统工艺难以做到的。数字的后期可以弥补许多前期上的不足。用数字高清拍摄广告，前期后期都同样重要。

数字高清自有它独特的一面，但是在宽容度和解像力上，目前还难以跟胶片相比。胶片对于画面细节的表现更加润滑细腻，对人物的质感、物体的轮廓和肌理、对色彩的还原都接近真实，像人的肉眼所看到的一样，影像更加自然，更为感性。感光材料的药膜和化学工艺的不确定性，反而使最终结果呈现某些"随意"与"即兴"的成分，加上有现代后期胶转磁技术的支持，大多数的广告片为保证影像品质，还是选择用电影胶片拍摄，然后底片转磁校色的方法。数字高清影像在空气感上略弱，显得较为理性和生硬，"所见即所得"的数字特性也使得最终结果变得精确可靠而无"悬念"，空气感相对就差些。

三、标清录像广告

标清录像广告指的是用标准清晰度的数字 Betacam 摄像机及模拟 Betacam 摄像机，作为拍摄工具制作的广告。在成本很低的情况下，人们往往会选择用标清录像磁带来制作，像一些对影像品质要求不是很高的广告片、专题片、产品介绍片等，都可以采用标清录像机来拍摄。Digital Betacam（数字贝塔）的影像质素较之模拟贝塔要好很多，数字贝塔的整套后期系统也较成熟。用标清录像磁带来拍摄广告，简单快捷，适合于拍摄短期行为的告示类广告，但录像磁带拍摄的广告片，它的影像品质是达不到电影胶片和数字高清那样精良的质素的。无论是清晰度、解像力、色彩还原上和画面反差，它都不及前两种技术工艺。通常情况下，该暗的暗不下去，该亮的亮不起来，要不就是暗部没有密度，要不就是高光太曝，这都要靠后期来调整，压出层次，拉大反差。因此，在拍摄录像广告的时候，一定要注意用光的平衡，只有在前期拍好了，后期才能对它进行补偿，毕竟它的宽容度太低，颜色与反差调校太多，反而会使画面增加噪点。有时候，我们行内的人为了使广告片或专题片有一个统一的影调，有一个统一的反差，为了保持画面原有的精度，会在胶转磁的达芬奇设备上进行磁转磁，也就是我们习惯说的"过磁"，这样调色和配光既快又统一，不仅可以加各种遮罩，增加它的虚实感，又可以使画面光滑度提升不少。如果前期拍摄的用光讲究，曝光精确，影像锐度够强的话，你可以通过磁转磁，将色彩的饱和度和画面的层次加以处理，也可以追求酷似 16mm 胶片的效果，影片的整体品质相当不错。

标清Betacam录像拍摄广告 《高露洁牙膏——拳击篇》 中国美术学院学生作业

标清录像制作的广告，大多使用标清SONY 790、SONY970等设备拍摄。近年来，HDV小高清的普及和性能逐渐成熟，也在专题片和纪实性的广告（纪录片风格）里大量应用。当然，还有很多新科技的摄录设备陆续进入广告制作领域，各种前期高端技术和后期数字技术也在推陈出新，我们也要适应数字技术的大趋势，迅速掌握各种新的摄制媒材，为影视广告创作提供更多的手段。

四、动画广告

动画，从制作技术和手段看，可分为以手工绘制为主的传统动画和以计算机为主的计算机动画；从空间的视觉效果看，可分为二维动画和三维动画。

1. 二维动画

在平面空间上，由点组成线，再由线构成面，这个平面称为二维空间。它只有两个纬度，二维空间的任一点位置表示法为（X，Y）。

在二维空间上用手绘和计算机制作的动画被称为二维动画。二维动画的技术基础是"分层"技术，动画师将运动的物体和静态的背景分别绘制在不同的透明胶片上，然后叠加在一起拍摄。这样既减少了绘制的帧数，也能实现透明、景深和折射等不同效果。高速发展的数字技术与专业优秀动画师的结合进一步推动了二维动画的发展，各个层都可以在电脑上直接合成。新的制作软件能制造出各种类似自然的、科幻的奇观效果，这是传统手绘动画无法完成的。动画场景的数字合成技术在二维动画中得到了普及。因此当今的二维动画和三维动画之间的界线也逐渐变得模糊。

二维动画广告《电影节》

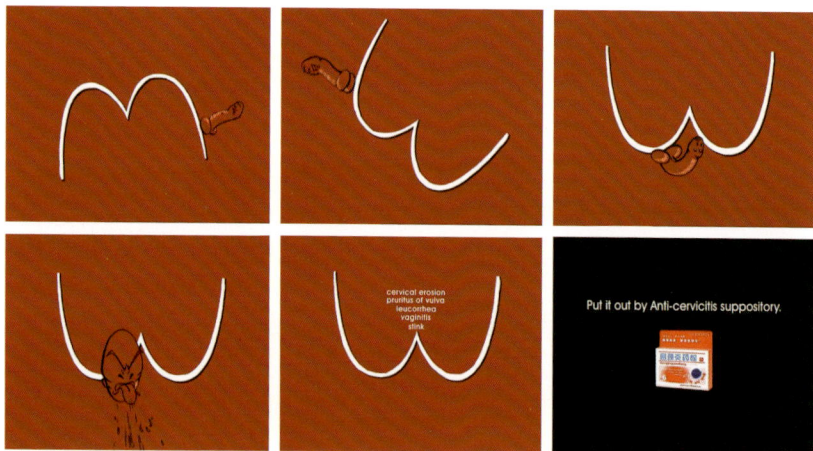

二维动画广告 《宫颈炎药栓》

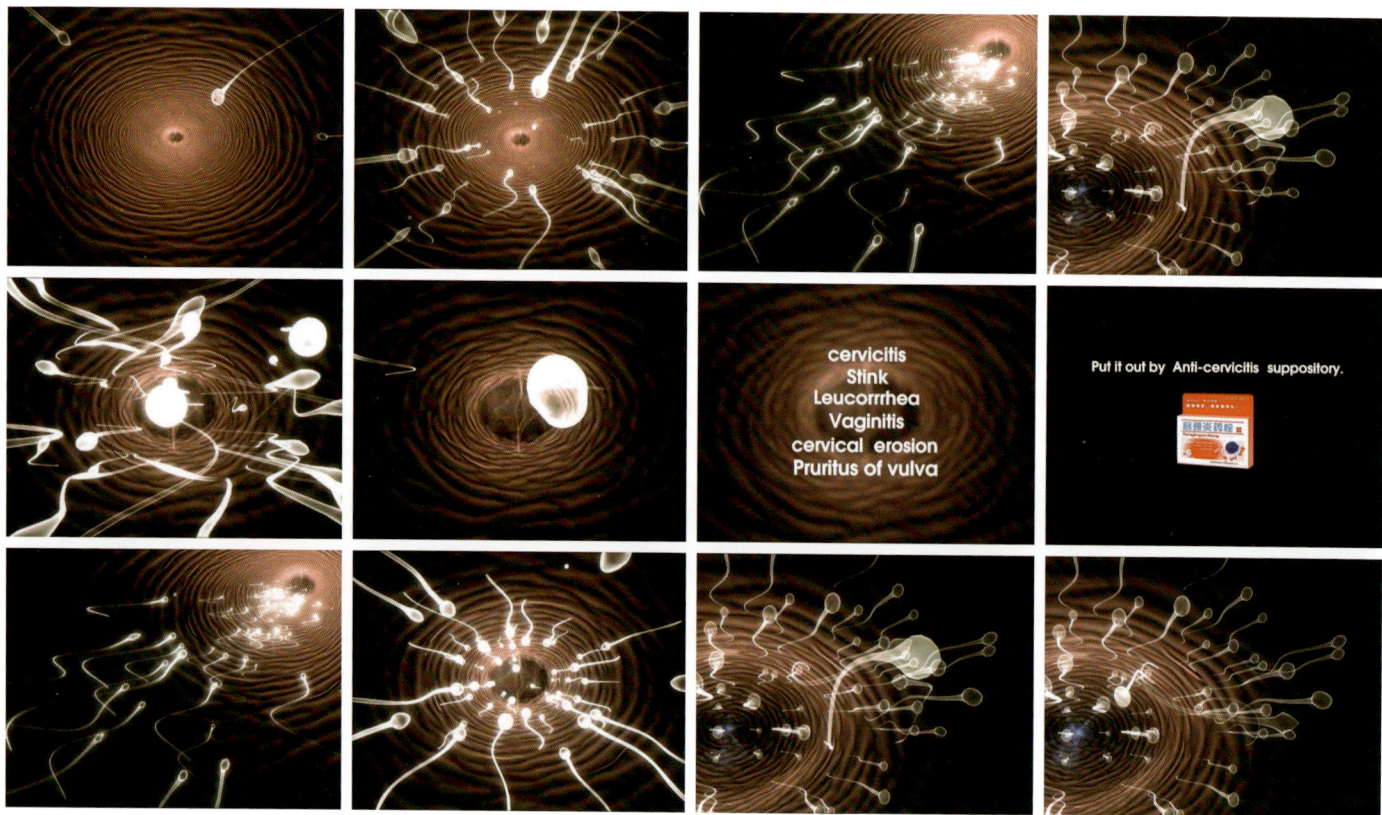

三维动画广告 《宫颈炎药栓》

2. 三维动画

从二维空间增加到三维空间，空间里的对象由面变成体，也就是从平面变成立体。三维空间的图形比二维图形多了一个坐标轴，三维空间的任一点位置就表示为（X，Y，Z）。多了一个坐标轴也就多了深度的差别。

三维动画主要依赖计算机图像生成技术（Computer Graphics，简称 CG），所以又被称为计算机动画。三维动画依赖 CG 技术，通过计算机强大的运算能力来模拟现实，这个过程需要完成建模、动作、渲染等步骤。建模就是以点、线、面的方式建立物体的几何形状；动作是在建模的基础上，通过动态捕捉、力场模拟等方法让物体按照实际要求运动；渲染就是给着了色、贴了图（纹理效果）的物体打上设定的虚拟的灯光进行模拟拍摄。用渲染软件使 CG 图像与真实事物的差别越来越小，其视觉效果几乎可以乱真。

动画作为一种独特的视觉艺术形式一直受到观众的喜爱，随着创作水平及制作技术的不断发展，广告领域经常大量地使用动画手段。计算机动画制作出的奇特的视觉效果为影视广告增添了一种趣味横生、超越时空的夸张浪漫色彩，让消费者感受到动画的精彩奇妙，在心里愉悦之时接受产品信息。

动画广告的制作技术多种多样，任何技术手段都是一种形式，都是为了表现企业产品和服务的，因此必须要把握住动画广告制作的基本要点，如构图、广告色彩、产品展示、广告文字、节奏控制和视觉冲击力等。不同形式的动画广告必然存在不同的欣赏需求，不同类型的动画，欣赏群体就不一样。在制作动画广告时对合理的欣赏群体定位要准确，这有利于把握动画制作形式的方向，有利于动画广告实现良好的促销效果。

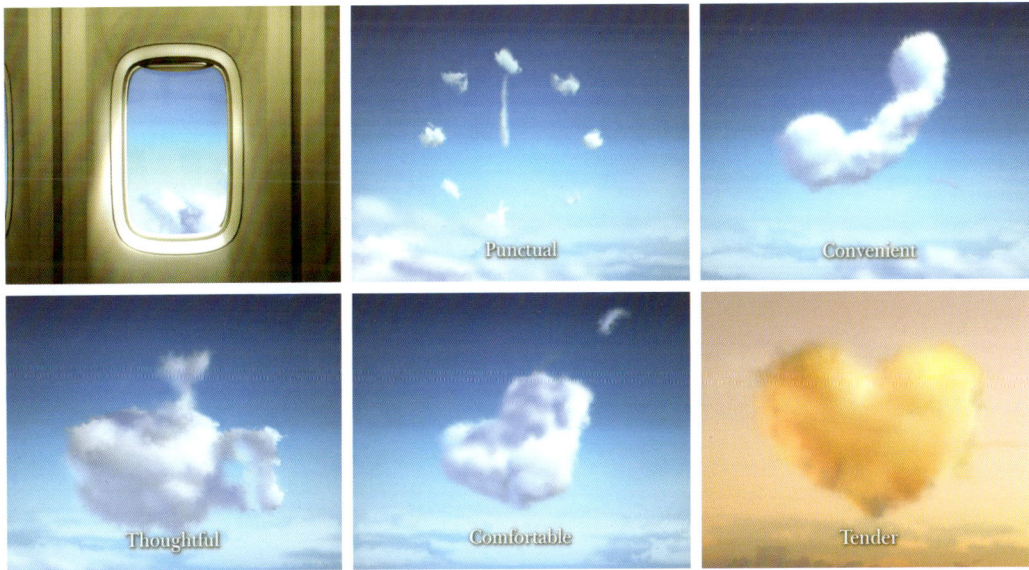

三维动画广告 《海南航空——云篇》
苏夏导演作品
获美国《广告时代》杂志
ADVERTISING AGE
1999年度最佳广告奖

三维动画广告　澳大利亚《Talon杀鼠剂》

定格动画广告　美国《尼桑汽车》

五、实拍与动画合成广告

广告片制作中,经常会有实拍影像与二维或三维动画合成的广告,有大量的特效需要在后期进行合成,以此来增加广告的震撼力和趣味性。有的是以卡通人物来突显产品的特性,有的是无中生有。那些无法拍摄到的景物、空间、特殊人物,那些梦境的、抽象的、超现实的特殊视觉画面,都可以通过三维、二维动画与实际拍摄的素材进行加工,这些广告画面的形成,最终要到数字后期阶段才能得以完成。正因为后期的合成加工需要很多合理的、有效的,符合透视关系、空间关系、色彩关系的,以及与光影效果相一致的素材,才能更好地合成完美的视觉构成,所以,前期的拍摄与前期的动画制作显得无比重要。

前期的拍摄与二维、三维的制作,必须以后期合成的要求为基础,要符合数字后期技术的条件和加工能力。导演和前期的主创人员必须熟悉后期技术的合成原理,必须掌握后期软件的特性,了解后期技术人员的操作能力。最重要的一点是,在开拍前(或制作动画前),导演与主创人员必须与后期人员进行多方面的沟通,把创意要求、想要达到的画面效果、故事内容、时间的长短、追求的风格(包括音乐风格)传达给后期制作人员。后期制作者会提出特效合成所需的条件和素材要求,也会讲解合成过程中的难度所在。前期与后期之间达成共识,那么前期的拍摄和动画制作就会有的放矢地、有条有理地进行。后期公司往往会有一位导演跟随现场,随时随地与创作人员对拍摄的素材和动画素材进行分析,提供合理化的建议。这样解决了后期阶段制作上的难题和缺陷,使实拍与动画合成的广告更趋完美,在原来的构想上锦上添花。

实拍与动画合成广告　美国《尼桑汽车——飞鸟篇》

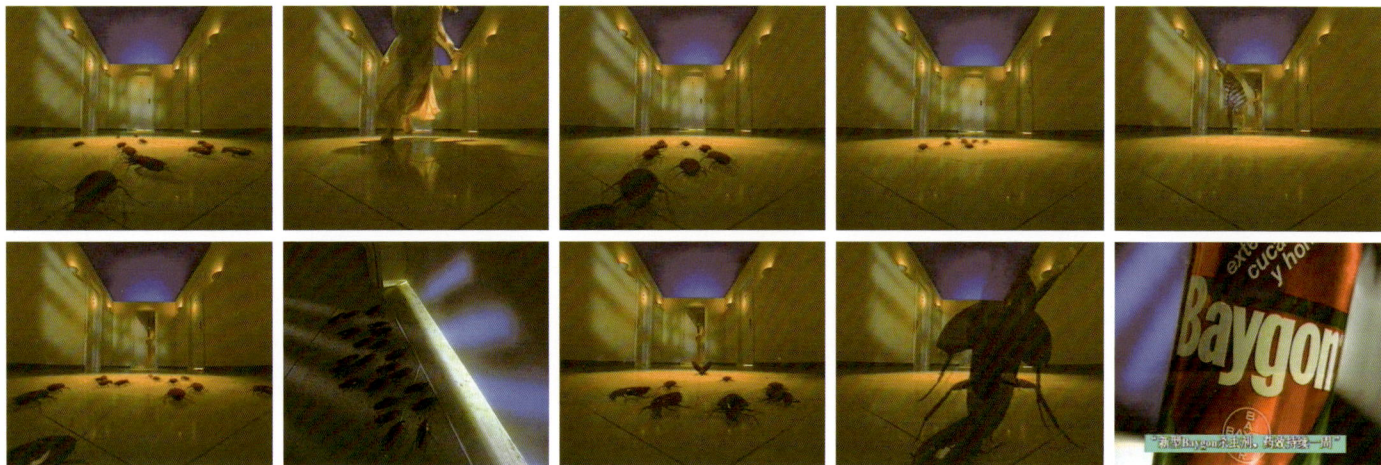

实拍与动画合成广告阿根廷 《拜高杀虫剂——蟑螂篇》

后期抠像合成型广告 《惠泉啤酒——麦浪篇》 苏夏导演作品

六、后期抠像合成型广告

有些广告特效合成很多。前期用蓝屏或绿屏拍摄各种素材，到了后期用计算机特效软件来进行抠像，再逐层加工合成，最后形成完整画面的广告叫作抠像合成型广告，这类广告通常要依赖强大的数字后期技术。

摄制组有时受制作成本的限制而没有出外景的经费，或者有些外景（建筑或风景）由于特殊原因无法实地拍摄，或者某些广告片有特殊的视觉或动作要求等，在这些情况下，人物、场景、产品或道具等原始素材往往就需要在摄影棚内用蓝屏或绿屏来拍摄，到了后期阶段再进行抠像合成。只要将所需的外景素材或特殊素材（购买的或曾经拍过的）和内景蓝屏或绿屏拍摄的素材进行分层合成，用树型特效软件进行加工，就可以达到类似在外景实地拍摄的效果，也可以满足广告片追求的特殊影像。

有些广告片追求异想天开的奇观效果，如超现实的、魔幻的，目的是增强画面的视觉刺激，这就需要事先拍摄大量的蓝屏人物、场景、道具和产品等。抠像合成广告，不仅是依赖熟练的后期合成技术，前期的拍摄手段同样重要。制作这样的片子，导

演与主创人员一定要在拍摄前与负责后期制作的专业人员进行沟通。导演要了解清楚合成每一个特殊画面需要拍摄多少个素材，需要拍成什么样的角度，需要什么样的运动和用光等。同样，后期专业人员也要提出具体合成的方法。经过前期制作人员和后期专业人员的多次探讨，拍摄的内容和方案才能定下来。

在拍摄期间，后期专业人员也要到拍摄现场与导演共同研究，给前期的拍摄提供指导性的意见，这样才能保证后期特效制作

的顺利完成。

后期抠像合成广告，无论是电影胶片拍摄还是数字高清或录像拍摄，在前期上有一点是共通的，那就是蓝屏或绿屏上的光一定要打得均匀，尽量不要出现布光不匀的现象。被摄影主体的颜色（演员服装或道具等）不要与背景色相似或接近，必须跟背景颜色区分开来，这样在后期抠像才能抠得干净。否则就非常被动，要花费大量的时间来逐帧修复，给后期制作带来困难，造成合成效果不理想的状况。

标准色场抠像

非标准色场抠像

人物背景特技抠像合成

特效合成案例一

特效合成案例二

（图片由广州亚奇公司提供）

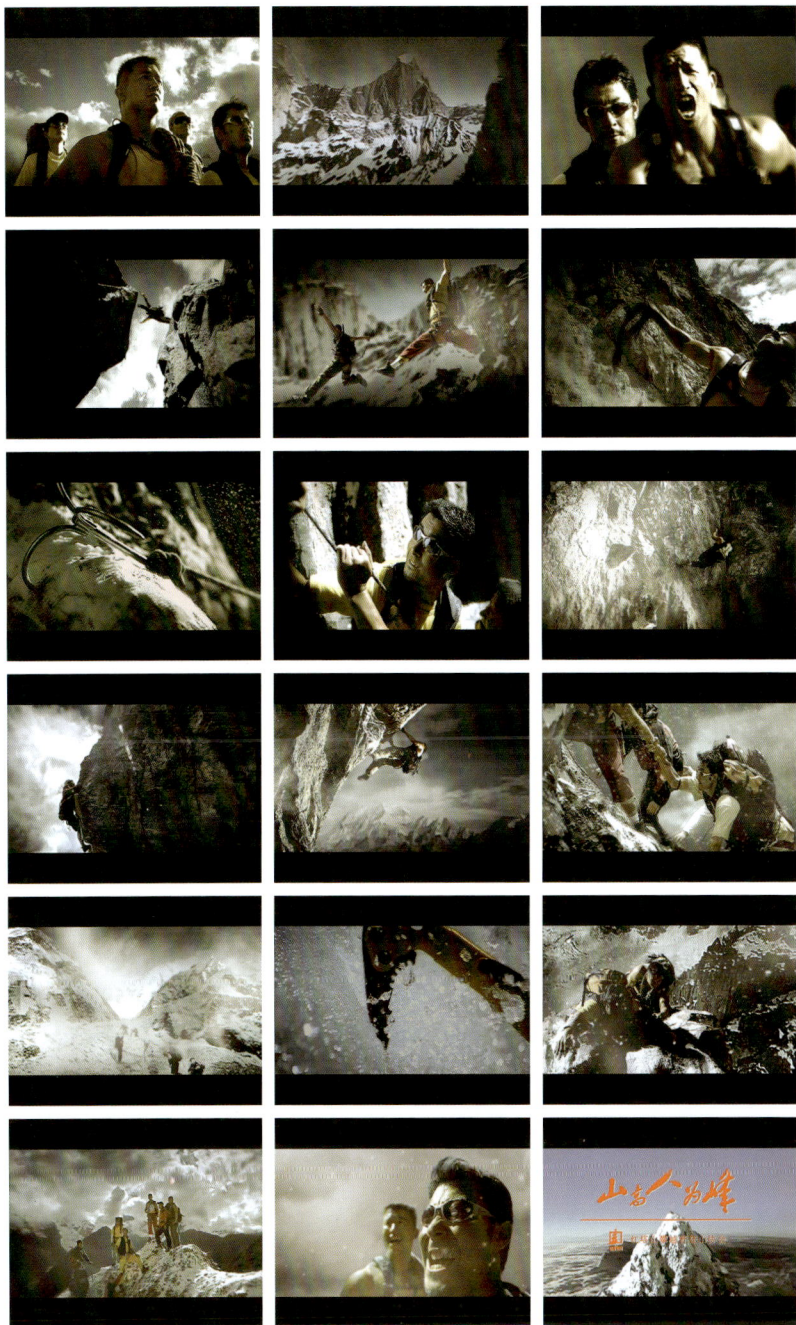

后期抠像合成型广告 《红塔集团——山高人为峰篇》 苏夏导演作品

七、素材编辑型广告

广告创作者（广告公司或制作公司或独立广告从业者）通过购买素材或无目的拍摄而拥有的影像资料，经过后期编辑，重新组合，也可以做出满足客户要求、表达创意者意图的广告。这类广告不失在缺少费用和应急情况下使用。

以上均为影视广告制作中常用的媒材和技术手段，每一种技术工艺都有它的优势和弱势，我们必须有这样一种认识。我们要明白它的强项在哪里，它的弱项是什么，如何利用好它的强项，如何将它的弱项转化成一种优势，达到某种特殊的效果，创造出独特的视觉影像，这就要根据不同的创意、不同的要求、不同的规模、不同的制作成本、不同的风格来选择技术手段，使广告更具原创性和震撼性，增强它的趣味性和观赏性，以达到吸引消费者注意并促进销售的最终目的。

第三节 影视广告制作流程

影视广告的制作分为三个阶段。一、前期筹备阶段：开拍前的准备与PPM会议；二、拍摄制作阶段：广告实拍与录制阶段；三、后期制作阶段：拍摄完成后的冲印、转磁、剪辑、修饰、录音合成等工作。

一、前期筹备阶段

影视广告的前期筹备阶段是从广告主和广告公司确认故事板和脚本开始的。一旦确认了脚本，广告公司的创意总监和制作总监作为本片的监制，就会寻找和挑选适合这个项目的导演，并招集数家制作公司开始报价竞标。制作总监需利用脚本制定大概的预算，安排拍摄时间。与此同时，制作总监已经与艺术指导和创意小组人员讨论过故事板和脚本，并充分理解了广告的创意概念和目标。在招标过程中，制作总监应该具备向投标者全面解释工作的能力，这样对成本预测时才能做到尽可能准确。

当广告主同意按故事板和脚本要求的意图制作广告片，广告主就会批准预算。制作总监与创意小组及广告主一起对制作成本做一个估价，包括拍摄的规模、所需的场景、演员、技术要求、人工劳务等因素的总体费用。这些费用的预算要尽量详尽和全面，制作总监要依据广告主所提供的预算来挑选制作公司。最后定下最适合拍摄这条广告片的导演和制作公司，然后委托制作公司承接完成这个项目。

创意脚本是广告的文字表述，故事板就是广告将要使用的影像画面和文案以分镜头顺序表示的图稿（Storyboard）。

影视广告的制作，是涉及广告主、广告公司、制作公司与导演等方面的群体合作项目，影视广告在制作过程中，只有依靠多方面的专业人员的支持与配合，才能够实现影视广告的顺利完成，这需要一种沟通的工具——"制作简报"。把广告创意通过文字或参考性影像资料跟负责不同环节的人沟通，就要准备好"制作简报"，它担当了一个与制作公司、广告公司及客户之间沟通的角色，将来的制作环节里，经常会引用和遵循"制作简报"的内容。不良的"制作简报"与沟通的不足，都会导致不良的后果，例如：1. 制作方向不明确使广告效果受损。2. 技术要求达不到，经常反复修改，延长周期。3. 制作单位没有明确指示而导致估价失误，成本超支。创作人员或制片人员都应该不厌其烦地填写这份重要的沟通文件，以避免不该出现的失误。

导演和制作公司在接到故事板和脚本并了解制作简报后，即刻组成一个完整的摄制班底，制作公司的制片与导演、美术指导、摄影师、照明组长、副导演等主创人员要召开内部会议，商讨原创脚本中的内容，让各部门领会创意概念和制作要求，然后分头去寻找资料和做一些初期的筹备工作。

导演要用影视的表现手法将故事板进行演绎，用视听元素将原创进行调整归纳，使之更加单纯，或将它丰富和提升，做出一个完善的、更具观赏性的Shooting Board导演拍摄故事板，准备在第一次PPM（Pre-Production Meeting）会议上提供给广告主和广告公司共同探讨。

通常，广告制作的筹备期要有三次PPM会议，这三次PPM由制作公司、导演、广告公司和广告主多方共同参与。

第一次 PPM

第一次PPM会议，是导演和制作公司提出自己对创意脚本的理解，制作公司必须与导演在事前共同做出一份关于广告制作总体想法的书面材料，要求图文并茂。其中最重要的一项是要有一份导演阐述，导演阐述要尽可能详细和周到，导演阐述的内容包括：

1. 关于分镜头脚本

导演必须将他对故事板的理解，对创意概念和广告目的的理解，以及经他演绎和发展之后的独到想法提出来，并说出理由和根据。导演用Shooting Board讲述自己如何在拍摄中提升创意原点，如何使创意显得更绝妙，更具趣味性。导演必须把所有的想法和问题都摆出来，供广告公司和广告主反馈他们的意见，以达到制作方向的统一。

2. 关于影调色彩

和拍摄电影一样，一支广告片也要有一个基本的影调，影调的风格、色彩都要由导演和摄影师、美术指导事先探讨，并找出相关的影像资料加以说明。广告主往往不太具备对艺术表现的理解能力，因此必须提供可见的画面效果，最好是动态的影像，这样比较直观，亦易于沟通和选择。

不要忽略影片的影调个性问题，广告的调性是非常讲究的，这不光指色彩、情绪，还要根据消费群体的喜好和民俗来确定。如果这条广告是迎新的、欢快的、喜洋洋的，就要考虑它的喜庆效果；如果是怀旧的、浪漫的，就要带有温暖煽情的情绪；如果是伤感的、哀愁的，就可以苦涩灰暗一些等。总之，无论确定何种影调，它都要符合消费群体的审美定势和审美情趣；广告的独特个性可以发挥，但必须建立在企业产品的独有特性上。

3. 关于演员（人物）

广告片里有人物的表演，就要有演员或模特，演员的选择要建立在符合创意脚本所提出的人物要求和性格，符合广告目标消费群普遍认知的形象定位，能准确地表达创意概念，有良好的表演能力，能使广告的故事情节演绎得鲜活，总之要"适者为美"。导演与副导演对每一个角色都要提供多个选择，提供的人选必须事先做好试镜和照片资料汇集，并将演员与模特进行编号，把他们的身高与三围、爱好与特点，尤其是演员的个人资料都标注清楚，了解

演员是否演过同类产品广告或为竞争对手做过代言等。这样便于广告主与广告公司认真挑选和定夺。

4. 关于场景

导演要具体说明拍摄场景的外景、内景的设想与风格，美术指导要提供场景的气氛图和大体结构图，这些都是事先选景或收集资料整理出来的。无论是外景还是内景，都要提供更多的选择。首次制作会议最重要的是把想法和构思说出来，然后——才能根据客户确定的要求进行选景或做出搭景图。

5. 关于摄影

创作人员无论有多少想法，广告片最终是通过摄影机的镜头来拍摄的。镜头的运用、如何布光、如何拍摄、光比和反差的大小、是否运用特殊的摄影器材和辅助器材、动用什么样的灯光设备等，摄影部门都要提出来。如有些画面镜头需要高速拍摄，需要升到很高的格数，就不能使用常规的摄影机；有些画面镜头需要超广角甚至是鱼眼镜头，就要另行配备。有些需要大型摇臂，有些需要斯泰尼康便携式减震器，有些需要在外景地铺设长型轨道，有些需要手持追拍等，导演和摄影师要有个整体把握。

6. 关于化妆、服、道

这是美术部门的职能工作，美术指导和美术助理必须将广告片里演员的化妆、人物的造型、服装的设想和场景所需的道具陈设一一列举出来。演员的发型、化妆、造型及配饰都要多几种选择。服装的设计要适合广告片里的人物身份和性格，每一个主要演员的服装设计都要准备几款样式，包括群众演员的服饰。美术指导要列出道具单，道具师要将主要的道具，尤其是特殊的道具（包括需要加工制作的），以图片和设计稿形式展示出来，供广告主和广告公司审核。

7. 关于后期

导演需要把广告片后期剪辑的设想传达给广告公司和广告主。关于影片的结构、节奏、技巧和字幕都要有所说明。像一些特技的处理、抠像的处理、三维与实拍的合成等，都要用可见的图像或影片资料加以说明。可以寻找一些在剪辑手法上相类似的广告或影片来演示，让客户有一个具象的认识，对导演意图一目了然。同时，导演及制片会提供几家后期公司来进行选择，后期公司（剪辑师）各有自己擅长的专业优势，并在这个领域里享有盛誉。选择最适合这个项目的后期公司和技术人员是非常关键的，在哪里转磁，在哪里剪辑，在哪里做二维或三维，在哪里合成特效，都要在这个环节中给予确认。

8. 关于音效

一支广告片的音乐和声效非常重要，好的广告音乐和声效可以给广告片加分添色，使广告更加完美。是现代音乐还是古典音乐，是爵士音乐还是流行音乐，是歌唱形式还是单一乐器演奏，是几种音乐的混合还是以效果声为主，是作曲还是购买音乐等，总之，导演要提供数条适合这支广告片的音乐 Demo（样带）。导演要对声效的处理进行阐述，也要对同期声录音准备视听的资料，让广告主和广告公司有一个明确的判断。同时，导演要推荐音乐供应商、录音公司供广告主和广告公司进行评选，确定出一个音乐创作的方向。

9. 关于配音

广告片往往有旁白和广告语，尤其是标版的广告语，需要专业的配音演员来完成。导演和制片必须提供多个配音演员的声音资料，包括每一位配音演员的多个配音版本，都要在这次会议上有所演示。这就需要导演和主创人员事先做足功课。

10. 关于拍摄计划

这一项是在导演谈完创作问题后，由制片针对拍摄计划表，详细说明每一阶段、每一环节、每个部门的时间安排。如发现个别环节上有问题，制片要对拍摄计划进行调整，以保证影片在原定的制作周期内顺利完成。

第一次 PPM 是制作公司（导演）和广告公司及广告主各方首次针对广告片制作的具体事宜进行沟通的会议，更多的是大家提出问题，提出看法，然后是想出解决问题的方法。

导演和主创人员把创作构思与制作手段及时间进度都谈了出来，广告主与广告公司会反馈他们的意见，将好的东西给予确定，把模棱两可的东西弄清晰，不符合要求的要进行修正，这样大家才会有统一的认识。将会议上所谈到的问题和要求整理成备忘录，认真填写制作简报，为下一步的工作打下良好的基础，总之这是一次交流与磨合的过程。

第二次 PPM

第二次 PPM 与第一次 PPM 的时间距离不要安排得太近，因为第一次 PPM 后有很多东西是不确定的。例如需要定点定位地去选景、重新选演员、美术出搭景图、服装的修改和道具的落实等都需要时间去完成。

选景需要走很多地方，选外景时还要寻找机位，导演、制片、美术指导、摄影和照明通常要一同前往。导演与摄影确定有效的机位，确定好拍摄的光线时间（是早晨还是黄昏，是晴天还是阴天，是顺光还是逆光等），确定拍摄时需要什么样的辅助设备；美术指导根据导演要求确定外景有无需要加工的景和布置的各种道具；照明组长要查看拍摄现场是否有可接的电源，需要什么样的灯具和反光板，需不需要发电

车，发电车能否进入拍摄现场，需要多少电源线等；制片部门要解决外联工作，落实好衣食住行……也就是说要各司其职。将选择好的场景（拍好的图片和影像资料）、挑选好的演员、绘制好的置景图、筹备好的化服道等材料都整理好，准备与广告主和广告公司召开第二次 PPM 会议。

第二次 PPM 的会议程序与第一次 PPM 相似：

☐ 导演与广告主和广告公司要敲定即将拍摄的脚本并让广告主签字认可

☐ 拍摄场景确定，置景图通过，美术开始安排搭景，外景地要安排复景

☐ 定下演员的最终人选，并非每条广告都会使用演员，一旦有演员，挑选演员就成了一件至关重要的事情，广告中的演员代表着广告主，这也是广告代理公司的创意人员为什么要自始至终参与拍摄的原因之一

☐ 定出演员服装及造型，开始制作、租借或购买服装

☐ 确认道具，将道具逐件落实

☐ 如有三维动画，要确定三维动画的内容和长度，开始委托制作

☐ 如要作曲，开始让音乐人创作小样

☐ 确定配音，约好配音演员，定下档期

☐ 制片开始安排剧组工作和落实交通等等

TV PRODUCTION BRIEF / TV 制作简报

客　户：_____　　产　品：_____

工作号：_____　　日　期：_____

题　目：_____　　语　言：_____

片　长：_____

广告目的：_____

工作背景：_____

主要信息：_____

附上详细的故事板，客户已经通过的脚本与文案。

制作详情

（A）拍摄于：_____

（B）剪辑于：_____

（C）完成于：　　数码贝塔带 [   ]　　　模拟贝塔带　　　　　[   ]

　　　　　　　　录像带 [   ]　　　　分轨音带　　　　　[   ]

（D）是否接合其他现成素材？　　　是 [   ]　　　否 [   ]

　　　来源于：_____

（E）工作是否只有后期制作？　　　是 [   ]　　　否 [   ]

（F）采用以下状态：

　　35mm负片/洗印

　　PAL制的数码贝塔，模拟贝塔

　　包括音乐轨/音效轨/旁白轨/分轨音带

（G）参考资料：

　　PAL或NTSC制的录像/声音卡带

（H）气氛与格调：_____

（I）演员要求：

　　1.主要演员：_____

　　2.配角演员：_____

（J）拍摄风格/灯光：_____

（K） 外景 / 内景：_____

（L） 道　具：_____

（M） 服装与造型：_____

（N） 音　效：

　　后期合成 / 同步录音：_____

　　配音演员：_____

　　普通话 / 粤语：_____

　　作曲 / 成曲：_____

　　特别音效：_____

（O） 剪接与特别视觉效果：_____

（P） 播出日：_____

（Q） 制作前期会议地点：_____

　　拍摄地点：_____

　　后期地点：_____

　　录音地点：_____

（R） 预算：根据工作单，含税的人民币总额：_____

胶片广告制作基本流程

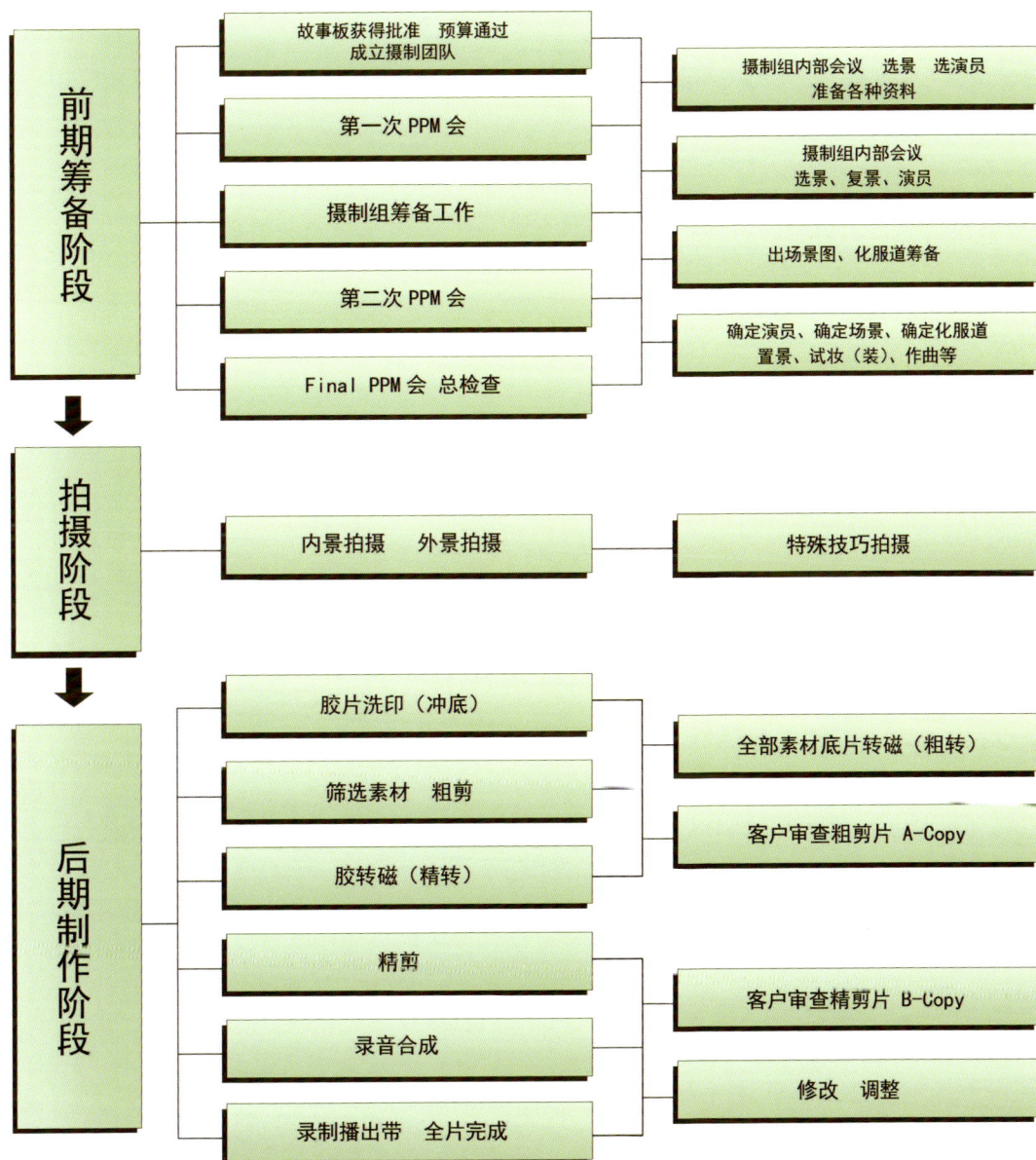

前期筹备阶段

- 故事板获得批准　预算通过　成立摄制团队
  - 摄制组内部会议　选景　选演员　准备各种资料
- 第一次 PPM 会
  - 摄制组内部会议　选景、复景、演员
- 摄制组筹备工作
  - 出场景图、化服道筹备
- 第二次 PPM 会
  - 确定演员、确定场景、确定化服道　置景、试妆（装）、作曲等
- Final PPM 会　总检查

拍摄阶段

- 内景拍摄　外景拍摄
- 特殊技巧拍摄

后期制作阶段

- 胶片洗印（冲底）
  - 全部素材底片转磁（粗转）
- 筛选素材　粗剪
  - 客户审查粗剪片　A-Copy
- 胶转磁（精转）
- 精剪
  - 客户审查精剪片　B-Copy
- 录音合成
  - 修改　调整
- 录制播出带　全片完成

第二次 PPM 的内容主要是甲方的确认，所有的工作都在此次会议上由广告主和广告公司进行确定，把它——记录下来，做成备忘录并填写制作简报，发给三方。剧组的每个部门都要按照既定的方针不折不扣地执行。

当然，在每一次 PPM 之前，制作公司与摄制组人员会有多次内部会议的商讨和检查，这样才能将工作做得更具体，细节上才不会出现失误。

Final PPM

第三次 PPM 又叫 Final PPM，也叫拍摄前的总检查。这个环节非常重要，就是要将导演部门、美术部门、摄影部门、制片部门等的准备工作做一个总体的检查和验收。广告主和广告公司也要在这个时候做到心里有数，也要看到制作公司的工作是否严谨和完善。通过对场景的验收，检查颜色和制作质量是否达到要求。演员通过试妆（装）、试戏或彩排，进入角色，同时拍出定妆照和录像，看看广告主及创意人员对自己的表演是否认可，对造型和服装合适程度是否满意。检查道具是否到位，是否有遗漏。摄影组要检查机器，要试机，确认一些特殊的摄影器材和辅助器材是否正常，拍摄的胶片和磁带是否备好。要检查灯光照明器材。制片与剧务的工作安排是否完全落实等等。

总检查的时间不要与正式开拍的日子贴得太近，要有机动的时间。如果在总检查中发现问题，或广告主在某一方面需要调整，

制作团队要有时间进行修改和补充。只有这样才能保证拍摄期的顺利进行。

有些严格的制作团队在总检查后，还要做一次彩排练习，按照广告片要求在现场走位（blocking），用简单的录像设备去走一遍，以便导演在拍摄前有更多的推敲。

二、拍摄制作阶段

经过稠密严谨的筹备后，广告开始进入拍摄期。拍摄期是广告制作过程中最具挑战性和最为形象的阶段。在这个阶段，摄制组要用电影胶片（或磁带）将广告主和广告公司已经通过的脚本表现出来。完成一支广告片所需的各种元素，如人员、设备、场景、道具、后勤等，都要结合成一个有机的整体。每个创作部门之间、每个剧组成员之间要彼此建立起互动关系。成功的拍摄有赖于一大批不同专业职能人员的有效管理，有时，同一职能部门及相关人员的具体工作在不同类型的广告制作中情况略有不同。

广告的拍摄期一般很短，往往只有一两天或三五天（大规模大场面的制作或场景变换很多的广告才需要很长的时间）。因此，广告拍摄一定要抓紧时间并井然有序地进行。拍摄现场的场面通常是紧张而忙碌的，与拍摄电影一样，广告制作是一个团队协同作战的工作。专业的制作人会各司其职地做好自己部门的事。他们有自己的工作方式和节奏，但相互间的配合非常默契，表面上看很乱，实际上却是井井有条。

摄影棚内的拍摄，往往是摄影组和照明组率先进入，他们要提早进场接线布灯，按照事先定下的方案确定机位，做好开机前的准备工作。美术部门也同时将场景进行布置，道具师在美术指导的指挥下陈设各种道具。副导演会按时接来演员，化妆师给演员化妆，服装师给演员着装，照明组长与灯光师根据摄影师的要求，打出令导

演和摄影师满意的光效。导演给演员说戏，也不断在试戏，最大程度地激发演员的表演才能。导演大多坐在监视器前，对画面的总体效果有个全盘的掌控。

一切准备就绪后，便可以开拍。通常拍摄是从大的场面拍起，由于布灯和陈设的工作量大，也为了照顾搭建的场景不至于被弄脏和弄坏，先拍摄大全的镜头是非常明智的，然后再由大景别到小景别逐个拍摄。每拍完一个镜头，要变换机位、变换场景，灯光照明都要重新调整、道具需要重新陈设。实际的拍摄过程会因导演工作方式和具体广告要求的不同而千差万别。有时候导演会按脚本的顺序拍摄，有时候导演会倒过来拍或跳着拍，有时候导演会把同一个场景中同一机位的镜头全部拍完，再拍摄其他镜头。

外景地的拍摄，对摄制人员、技术设备与后勤人员都是一种考验。每个外景地的地形地貌不同，都有其自然或人为的阻碍。例如，自然光有顶光、顺光、逆光、侧逆光等，有时高光区与暗部阴影会形成强烈的反差，要想曝光趋于均匀，就必须使用大型反光板和强大的高色温灯来补充，使曝光均衡。此外，灯光和设备所需的电源可能难以解决，就需要配备移动发电车和足够的电缆线。有些广告片还需要在外景搭建布景，就要考虑天气问题，像风、雨、雾、雪等。随时都有可能导致拍摄中断。外景拍摄对导演和剧组人员来说确实是一场特殊的挑战，有时为了保险起见，摄制人员会使用双机拍摄或多台摄影机拍摄。

无论是内景拍摄还是外景拍摄，大多数的镜头都不会一次拍摄成功，总要反复试拍或多拍几次才能达到令人满意的效果。

1. 影视专业术语

镜头

镜头是电影术语，包含着结构、组成单位、长度和时间。在技术上，镜头指的是摄影机的光学部件（Lens）；在创作上，镜头指的是一段连续拍摄的人物或景物片段，是运动的画面，在时间和空间上是延续的。镜头是影视作品的基本单位。在前期制作中，按故事脚本拍摄录制的一个个镜头被称为素材。后期制作时，镜头可能被裁短或剪成几段与其他镜头片段进行组接，也就是把一个个单独的镜头有机地、合乎情理地连接起来，配上音效，组合成影视作品。

景别

景别是根据镜头中被摄主体所占的面积范围所做出的划分，一般分为远景、全景、中景、近景、特写等。以成年人在镜头中面积比例大小为准，拍摄头部的为特写，胸部以上为近景，膝盖以上为中景，人物全身为全景，人物处在大背景中为远景。根据拍摄的需要，它们又可分为大远景、大全景、中全景、小全景、中近景、大特写等。现代电影拍摄手段越来越丰富，镜头景别也越来越复杂，许多电影拍摄往往通过运动镜头、场面调度和变焦等手段，使场面和镜头内诸元素的位置关系不断变化，故而一个镜头内常常包含多种景别。何时何地使用何种景别，由导演和摄影师根据整部影片和某个具体场景的构思设想来确定，同时也受制于具体场面的拍摄条件等元素。

拍摄角度

摄影机拍摄时的视点位置，也就是摄影机放在什么位置来拍摄物体对象。它由摄影机跟所拍对象的距离、位于对象的什么方向，以及跟对象的高度关系三个因素组成。

拍摄角度分为平摄、仰摄、俯摄。平摄指摄影机处于与人眼相当的高度进行拍摄的方法，这种拍法的画面一般具有平稳感。仰摄也称"仰拍"，指摄影机的位置低于被拍摄部分的位置高度，镜头的视轴偏向视平线上方。俯摄也称"俯拍"，指摄影机位置高于被拍摄部分的位置高度，镜头视轴偏向视平线下方。

镜头色彩与层次处理

在拍摄过程中，一种色彩占据画面的主导地位，成为整个画面色彩的基调，它就被称为画面的色调。根据拍摄内容的需要，画面色彩要保持统一和谐。色彩会对人的心理感受产生影响，如暖色调给人以温暖、炽热、活跃的感觉，冷色调给人有凉意、宁静、平和的感受，灰色调使人有忧郁、深沉、伤感的心理变化。

色调随着作品内容的情绪变化而变化，是画面视觉氛围的表现。在正常的镜头画面中加上渐变滤镜，可以增强画面的色彩变化，能增强景深和丰富层次，使之更具立体感。

推镜头

拍摄时摄影机沿光轴方向向前移动推进在画面上表现为被摄物由远变近，由小变大，或从一个表现对象转变为另一对象，使观众有视线向前推近的感觉。运用推镜头可将观众的注意力引向将要表现的事物，同时让观众明白该事物与推镜头之前的画面空间关系，也可以增强画面的真实感，既不需要分切，又在同一个镜头内实现了从一个表现中心向另一个表现中心转移（内部蒙太奇）。通常推镜头的效果通过变焦镜头的使用来实现。

拉镜头

跟推镜头相反，拍摄时摄影机沿光轴方向向后移动，有一种向后拉出的感觉，画面效果为逐渐远离被摄对象，或从一个事物渐变为更多事物。拉镜头的运用是让观者的视野由小到大、由局部到整体，有利于给观者造成悬念，使读者产生联想，并易于表现局部与整体的关系。拉镜头的视觉效果可以通过使用变焦镜头来实现。

摇镜头

摇镜头也称"摇"或"摇摄"，由法国摄影师狄克逊于1896年首创使用。拍摄时摄影机位置不变，只是机身通过活动云台做上下、左右的弧形运动。它有利于逐一展示事物，有巡视环境、展示场面、烘托气氛、逐一揭示人事面貌的艺术效果。

跟镜头

跟镜头简称"跟"或"跟拍"。摄影机以推、拉、摇、移、升降、旋转等各种运动摄影形式跟随运动中的被摄对象进行拍摄。其特点是运动中的被摄对象在画面中的位置基本保持不变，而周围景物随着对象的运动而变化。有些镜头采用手持摄影机进行跟拍，其追逐的效果会更加明显，周围景物的变化会很大。

移动镜头

移动镜头简称"移"。它借助于铺设在轨道上的移动车或其他移动工具，如汽车、火车、船艇、飞机等，是摄影机沿水平面做各种方向的移动而拍摄的镜头。移动镜头一般有横向移动与纵向移动。同时，移动也可以结合跟拍与摇拍而有跟移与摇移的拍摄方法。移动镜头是影视摄影中的重要艺术手段，它可以造成巡视或展示景物的视觉感受。当移动达到一定速度或移动方向与对象运动方向相反时，拍摄下来的镜头具有表现特定的人物心理、营造气氛和视觉冲击强烈的艺术效果。

综合运动镜头

由摄影机做推、拉、摇、移、跟、旋转、升降等各种形式的运动所拍摄的镜头都可统称为"运动镜头"，而在一个单镜头内将上述几种运动形式做某种程度的结合使用，称为综合运动镜头。它已成为现代电影的重要拍摄手段，有助于突破电影画框的限制，扩展画面的空间视野，丰富造型手段，真实再现事物的运动过程，保持时空的完整性。它还能表现事物运动的方向感和空间感，同时也为演员表演的连贯性创造了条件。综合运动镜头从某种意义来讲，是高于其他视觉艺术的独特的表达方式，是电影语言之完善精致的证明。

客观镜头

镜头视点不带有明显的导演主观色彩，也不采用剧中角色的视点，而是采用旁观者观看事物的视点，这种镜头被称为客观镜头。它将事物尽量客观地展现给观众，在一般影片中，大部分镜头都是客观镜头。

主观镜头

这种镜头所表现的内容明显代表导演的主观意识。其视点代表着剧中人物主观视线的镜头。

2. 广告摄制组人员职能

导演（Director）

广告导演的工作涉及拍摄制作的方方面面，在某种程度上可以说这个职能没有一个明确的定义。它包括：要将文字脚本和Story board演绎成可拍摄执行的Shooting board，形成影视广告的整体视觉风格，在整个拍摄过程中将其生动地表现出来；保证每一个镜头的拍摄在技术上、在审美要求上都要尽善尽美；在执行上要准确无误；还需要弹跳于制作公司和广告公司之间，既要满足广告公司创意人员的创作要求，又要屈服于制作公司的制作成本之下；在剧组里，他要调动剧组人员的积极性，使他们以最佳工作状态为完成共同的任务而努力。一方面他是创作人员，一方面他是技术人员，一方面他是市场专家，一方面他是艺术评判。在他确立了一支广告片的整体创作方向并得到客户认可后，所有相关人员，包括美术指导、摄影师、灯光、演员、道具等其他部门的工作都必须与这个方向保持一致。导演有对剧组创作各个方面的决定权，如很多事情需要他说"Yes"或"No"，因此他必须深谙影视的技术和美学原则。他应该具备将文字脚本变成有声画的视觉影像的能力。 一个导演要有足够的前后期知识，在进行拍摄之前对于需要什么样的镜头、用什么手法拍摄、后期应该如何剪辑、特技要怎样合成，都要心里有数。

导演还要善于与人交流。从创意脚本的情感内涵和拍摄中的技术要求入手，他要启发和指导演员的表演。例如，他会告诉演员表演要夸张一点，声音放大一点，这样便于促销和卖货。他会引导演员表演要含蓄、内敛一些，这样会更煽情，更打动人。如果演员感觉到导演动情地分析了片中的角色，通过观察和琢磨，掌握了戏的要点和尺度，演员就会自然进入角色。

导演还需要与工作人员建立起良好的关系，多与他们沟通，这样他们才不容易因在工作中出现错误而浪费时间。广告主和广告代理公司会有人到现场跟片，导演一方面要善于和这些人周旋，另一方面还要坚持自己的创作主张。广告导演总是在两三个甲方控制的压力下搞创作，所以说，广告导演是"戴着镣铐在跳舞，无论镣铐有多重，都要把舞跳好"。这就是广告导演的真实写照。

副导演的职责是协助导演寻找演员（模特）和组织群众演员，并安排演员的到位时间。在拍摄现场，副导演常常要为导演执行现场的演员调度，指导群众演员排戏、走位。

导演有时会配备一个导演助理（Assistant Director），协助自己处理导演工作中的记录及各种具体事项，助理的工作内容由导演安排。

美术指导（Art Director）

在广告制作中，美术指导所起的作用是非常大的。几乎所有跟视觉画面有关系的他都要参与，对影调色彩的处理，对外景的选择和内景场景的设计，对化妆造型和服装设计以及道具的选择，对特效的合成和产品的拍法，对画面字幕的字体与图形关系等，都要给予导演美术方面的支撑。

美术指导应该具备丰富的知识和美学修养，熟悉电影技术，有镜头感，通晓影视广告的前后期制作过程，对搭出什么样的景、用什么样的镜头可以拍出什么样的视觉效果非常有经验，对服装服饰有研究，对传统艺术和民俗要了解，对现代时尚也有充分的认识。这样美术指导才能应对各种广告类型和风格的艺术表现，才能更好地协助导演，为导演提供更多更好的创作条件，使美术部门的工作做得更完善。

美术指导一般都有一个美术师或美术助理来协助做具体的细节工作，包括搜集和整理资料，效果图的设计，搭景施工图的绘制，置景过程的跟进，监督服装、化妆、道具的质量与进度等。美术部门的人员包括化妆师、发型师、服装师和道具师。助理人员的数量根据广告片制作规模的大小和广告创意要求的不同来配备。

摄影指导（Director of Photography）和摄影师（Cinematographer）

无论导演有多少想法，美术造出多好的场景，演员表演多么出色，最终还是通过镜头的拍摄来形成画面。摄影指导或摄影师负责画面的整体效果，包括拍摄时的布光、画面的构图、镜头的选择及曝光的准确。摄影师被称为用灯光来作画的艺术家，他们与导演密切合作，他们拍出的影像画面要符合导演的意图。

摄影指导在现场通常不会亲自去操作摄影机。他根据导演的要求指导摄影组及照明人员如何制造出所需的光影效果，决定使用什么样的灯具、灯具放在什么位置，根据胶片的片种决定摄影机的进光量应该是多少、拍摄中推拉摇移的控制等其他细节，但不会具体去操作摄影机。

摄影师是实际操作摄影机的人，通常有一个或几个摄影助理（Camera Assistants）协助他的工作，比如装片、换片、测光、调焦，测量从被摄体到摄影机的距离及控制摄影机的移动、升降等。

照明组长（Gaffer）

照明组长负责布置灯光，根据摄影师的要求调整各种灯具，指挥灯光技术人员布光。机械员负责管理好机器设备，勤杂工（Grips）负责搬运照明设备和清理器材设备。

执行制片（Executive Producer）

我们习惯称制作公司的制片人为执行制片，他是拍摄过程中各种事物性工作的主管。他要紧密地与导演配合，负责制定剧组的拍摄计划，控制拍摄进度。他要负责每天拍摄时的具体事宜、每项工作的推进和经费控制（涉及人员、器材、布景、对外联系、道具、化妆、服装、剧杂、餐费和交通等）。在广告制作的剧组里，他的工作从前期筹备一直延续到整个广告制作的完成。他既要与广告公司保持密切的沟通，又要与摄制人员相互配合。由他负责的制片部门还要做好后勤上的支持，住宿、交通、吃饭等都要安排好，还要负责记录每日的支出。执行制片要详细做好每日的工作记录，以便向广告公司制作总监报告每天的工作进度，汇报拍摄是否按照计划进行。

执行制片手下往往会配备制片助理一人，帮助其处理具体的琐碎事务。

制片部门里还配有剧务，主要负责拍摄现场的后勤和杂务。

三、后期制作阶段

1. 后期制作的基本流程

所有的前期拍摄一旦停机，广告就进入后期制作阶段。电影胶片拍摄的素材就要进行冲印，洗印的过程也是一个复杂的过程。现在的转磁技术是用底片来转，因此，胶片洗印只需冲出底片就行，只要底检师检查胶片没有问题，就可以拿去做胶转磁了。

后期制作的第一步是检查素材。胶片广告由于是底转，要全部转一次磁才能显示所有的素材镜头，这次转磁习惯上被叫作粗转（One Light Transfer）。胶片广告的所有素材在初次转磁的时候，是不需微调的，不需要仔细调色，这样可以节省成本和时间。

数字高清和电视录像的拍摄素材，要经过检查和筛选，才能知道哪些素材可以用，哪些需要重拍或补拍。一旦广告公司认为素材片可以接受，便要着手进行编辑。

首先，对素材进行挑选，抽取导演和剪辑师认为好的素材，将这些选出的素材导入粗剪非编设备进行剪辑。粗剪的非编系统通常有Avid Xpress Pro、Edit、After Effects、Final Cut或Avid Media Compucer等。在这个阶段，可以利用选曲或已经作曲的音乐小样来进行粗剪（Off Line Edit），根据音乐点、节奏或旁白来剪辑，会使广告的声画更加融合。如广告片素材是同期录音的，也先要进行声画剪辑。运用蒙太奇的手法，按创意脚本所提供的概念和设想，将画面素材和声音素材加以组合、剪接，形成一个能表达广告创意内容、有艺术感染力，让消费群体理解、接受并达到劝服作用的广告粗剪片，我们也习惯称为A-COPY。

粗剪片出来后，由广告主和广告公司创意人员来共同审片，把A-COPY的广告片进行讨论和评价。广告主及广告公司会提出他们的看法和意见，这些意见在和导演、剪辑师达成共识后再进行调整和修改。审查A-COPY，是客户对于广告片后期制作上的肯定与否定。一旦粗剪得到通过，广告片的画面内容、音乐、整体节奏和风格就基本定型。

下一步的工作就是将粗剪片的时间码抄出来，将粗剪广告片里需要的画面镜头从原始胶片素材里挑出来，进行重新转磁，这一次叫精转（TC Full Grade）。将广告片真正要用的画面镜头进行精益求精地调色、配光，调出广告片所追求的影调色彩。由于镜头数很少，每一个镜头都可以调得很精致，每一个镜头之间，无论是人物肤色、服饰道具、产品颜色、天空背景等都几乎一模一样，整体影调色彩非常统一准确。有条件的话，电视录像广告也可以采取达芬奇校色方式（磁转磁），数字高清可采用宽泰Quantel EQ或IQ系统校色，以取得画面影调色彩的一致性，同时增强画面的光滑度，追求类似胶片的华美品质。

把精转后的画面镜头放到高端的数字精编设备上来做精剪（On Line Edit），以粗剪片的数字工程文件为依据，准确地将精转后的高品质画面组合连接起来，并将一些技巧进行加工，压上必需的广告字幕，完成广告片的精剪。有些广告是需要抠像分层合成的，有些广告是需要三维或二维动画与实拍素材结合的，它们都要经过数字高端精编与特效设备来完成，这是精剪阶段最重要的环节。通常使用的精编特效系统有 Flame、Smoke、Quantel、Avid MC 或 Illusion 等。

精剪后的版本一出来（广告作曲的音乐同时完成），精剪版本就进入录音棚。先将广告旁白的配音录制好，然后把音乐、音效及广告旁白进行有比例的合成，再将声音套上精剪片画面，就形成了较为完整的广告片，我们称之为 B-COPY。制作公司和导演将 B-COPY 展示给广告主和广告公司，由广告主和广告公司创意人员对广告片的整体效果进行审查。如果客户还提出画面或声音上的修改意见，导演和后期制作人员要酌情修改和调整；如果广告主完全通过，广告片就马上进入更精细的混音合成，使广告片的视听效果更加完美，最后录成数码磁带或高清磁带完成全片，交付广告主和广告公司在媒体上发布。

通过周密的前期筹备、严谨的拍摄制作到繁复的后期剪辑，我们可以从中看出一支广告片制作流程的复杂，也可以看出胶片广告和录像广告制作上的区别，明白电影胶片广告制作成本的高昂。影视广告的制作过程汇集了大批专业技术人员和创作人员，涉及了大量高端的硬件设备。专业人士分工不同的工作职能，反映出广告制作过程的复杂性。虽然广告制作烦琐、复杂，但只要把握住它的运作规律和行业特性，有良好的管理和密切的配合，有独特的创造能力和务实的敬业精神，就能将影视广告的制作生产变得顺畅而简单。正因为这样，高品质的、有效的影视广告作品才被制作出来。

2. 蒙太奇

蒙太奇，是对电影构成形式的构成方法的总称，是电影艺术的重要表现手段。蒙太奇一词，原译自法语 montage，是建筑学术语，意为构成、装配。引申到影视艺术，它是指电影创作中把镜头组接起来进行叙事、抒情和观念表达的表意手法。它延伸出两个含义：一是指技术性较强的剪辑手法，二是指观念性较强的艺术创作思维。

蒙太奇在各国的叫法不一样，英美为代表的称电影剪接（Film Cutting）、电影剪辑（Film Editing），苏法为代表的称蒙太奇，我国译为镜头的组接和剪辑。蒙太奇手法是电影所特有的。这种手法的实质是，探索电影创作中镜头与镜头之间的连接所具有的表意功能。在电影的历史发展中，由于电影艺术家的持续不断的努力，蒙太奇作为一种最重要的电影表现手法之一，已经积累了极其丰富的种类与类型，例如理性蒙太奇、杂耍蒙太奇、平行蒙太奇、抒情蒙太奇、叙事蒙太奇等。不同的电影创作者和研究者对蒙太奇在电影中的作用与意义的理解也有较大的差别。

蒙太奇是影视艺术的构成方式和独特的表现思维手段，对影视作品的声画处理有指导作用，对影片整体结构有着十分重要的作用：首先是对素材进行选择和取舍、组合和构成，概括而集中地表达思想内容。其次能激发观众的想象，镜头组接构成表达思想内容的句子，引导观众进入情境，影响情绪和心理，启迪观众思考。最后，蒙太奇作用经过镜头的组接可以创造新的时空，产生新的意义。一个镜头只说明一个含义，两个镜头组接起来就产生新的含义。多个镜头组接会产生每个单一镜头独立存在时所没有的意义。所以创作者要善于发现、选择好的素材，并善于利用好的素材将它们组接起来，产生最佳表达思想含义的效果。

蒙太奇分叙述蒙太奇和表现蒙太奇。

叙述蒙太奇按照事物的发展规律、内在联系、时间顺序去组接镜头，叙述故事情节，展示事件过程。叙述蒙太奇又分顺叙、倒叙、插叙、分叙等几种。

表现蒙太奇（又称并列蒙太奇）类似文学修辞中的比喻、象征等手法。两种以上的表现形态并列剪接能造成单纯叙述无法产生的概念和寓意效果，激发观众联想。表现蒙太奇包括平行式蒙太奇、联想式蒙太奇、隐喻式蒙太奇、错觉式蒙太奇等。

后期制作基本流程

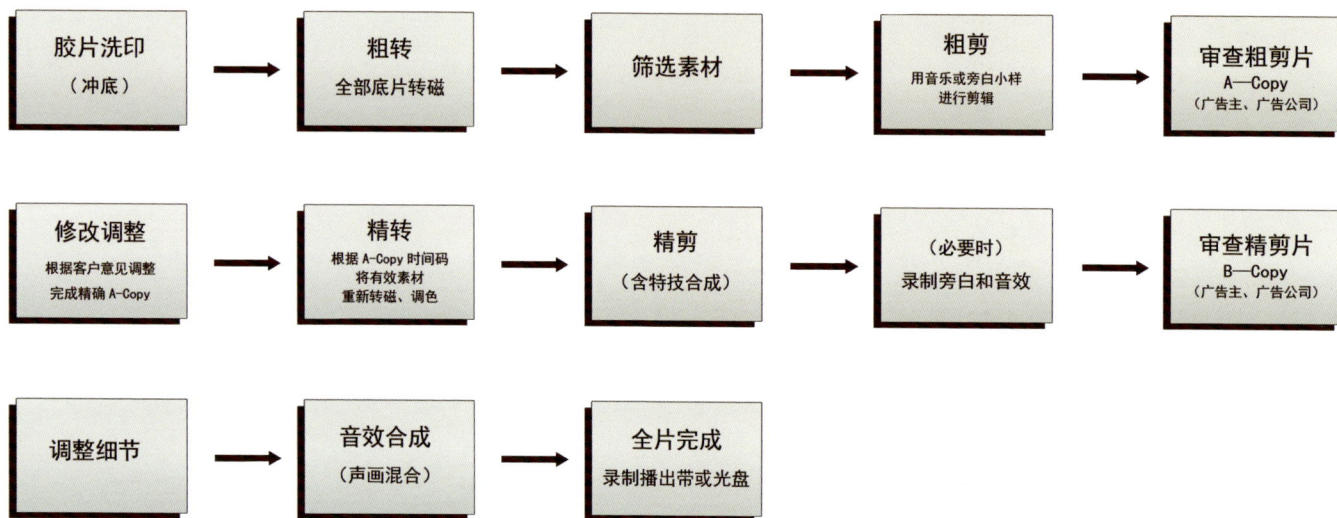

| 胶片洗印
（冲底） | → | 粗转
全部底片转磁 | → | 筛选素材 | → | 粗剪
用音乐或旁白小样
进行剪辑 | → | 审查粗剪片
A—Copy
（广告主、广告公司） |

| 修改调整
根据客户意见调整
完成精确 A-Copy | → | 精转
根据 A-Copy 时间码
将有效素材
重新转磁、调色 | → | 精剪
（含特技合成） | → | （必要时）
录制旁白和音效 | → | 审查精剪片
B—Copy
（广告主、广告公司） |

| 调整细节 | → | 音效合成
（声画混合） | → | 全片完成
录制播出带或光盘 |

值得一提的问题：

1. 在广告制作中通常使用的摄制媒材有哪些？浅谈电影胶片广告的特性。

2. 数字高清技术对传统电影胶片产生什么样的影响？它的优势是什么？

3. 简述 PPM 会议的具体内容。导演阐述包括哪些方面？

4. 简述制作简报的内容与作用。

5. 影视广告制作流程包括几个阶段？简述后期制作的基本流程。

6. 镜头的概念是什么？综合运动镜头指的是什么？

7. 什么是蒙太奇？

本章要点：

1. 广告公司创意总监和制作总监在影视广告的制作中的职能

2. 影视广告摄制媒材的种类及特点

3. 广告导演、制片及广告摄制组人员职能

4. 电影胶片广告（胶转磁）的特点

5. 数字高清技术的优势以及对传统电影胶片的影响，其他摄制媒材的特点

6. 制作简报的作用和主要内容

7. PPM会议的程序及内容，导演阐述的主要内容

8. 影视广告制作流程表

9. 镜头、景别的概念

10. 综合运动镜头

11. 后期制作的基本流程

12. 蒙太奇手法

第四章 | 经典影视广告赏析

第一节 欧美当代影视广告

一、美国广告

美国是世界上广告业最发达的国家,每年全国用在商品广告上的费用数以千亿计。全球多数大型国际广告公司的总部都设在美国,美国可谓广告之都。美国每年过千亿的广告经费有四分之一花在广播电视中,据调查,在美国各种形式的广告中,受众最多,声誉最高,影响力最大的是影视广告。

影视广告已经成为美国人生活的一部分。据美国《电视指南》杂志统计,现在每一个美国人平均一年要看 24000 条影视广告。美国最权威的电视艾美奖也从 1997 年开始设立最佳影视广告奖,可见影视广告在美国非常深入人心。美国有 1000 多家电视台,其中商业电视台约 960 家,教育电视台约 320 家。美国现在有线电视网已达到 7900 余家,发达的电视网使美国观众天天都能接触到各类广告信息。美国的电影工业称霸全球,给影视广告的制作与发展提供了强大的技术力量。规范的市场运作、先进的科技制作水平、完整的人才机制等,为影视广告业在艺术和商业市场之间的交融创造了有利条件。

美国文化是一种兼容性很强的文化。它既是一种开放文化,又是一种宽容文化,各种文化现象都可以产生并存在,这是美国文化的特点。和它的文化一样,美国的影视广告也具有很大的包容性。多元文化的并存和市场经济的竞争,广告历史的积累和人才资源的雄厚,使美国的影视广告呈现出多样化,很难用一种风格或形式来界定。

美国有众多国际大企业的总部优势,容易获取大规模系列广告活动的业务;有麦迪逊大街的各路广告列强,可以创造出许多别出心裁的颠覆性创意;经济的高度发达使影视广告有强大的资金支持,可以制造出异想天开的、极具视觉震撼的大场面作品;凭借好莱坞等电影基地的资源,可以制作出电影风格类的故事情节性广告;有众多的体育明星、科学巨匠、商界名人、政客及艺术家代言广告,使美国广告不乏名人演出式的经典作品;有各种宗教并存和种族的大融合,可以创作出许多幽默诙谐类的生活式广告;有重物质导向、轻道德导向的文化现象,各种反叛和性感风格的片子在美国广告中屡见不鲜;有本土强势语言的优越条件,可以制作出美国俚语式的通俗广告……在世界广告史上,美国一直是获奖大户,堪称广告第一大国。1984 年后,美国开始盛行一种超长广告,也叫信息广告,更多的人称之为"报道型广告"。报道型广告的时间一般较长,它采用长篇幅、很有说服力的纪实手法,对企业产品或服务进行宣传推广,或者制作成很有吸引力的娱乐节目。与一般广告不同,报道型广告不是插入某个节目或某个广告时段中播用,而是其本身就是一个节目。所以,收看报道型广告一般都是观众自愿的,这种自愿性有助于观众在享受娱乐之余接受广告的信息。在美国,电视网播出报道型广告的费用并不贵,比较省播出经费。总之,美国影视广告的风格特点是多种多样的。美国广告是其强势文化向通俗化、大众化、商品化(市场化)和娱乐化发展的直接表现。

美国广告案例一 《百威啤酒》

美国广告案例二 《耐克——世界末日篇》

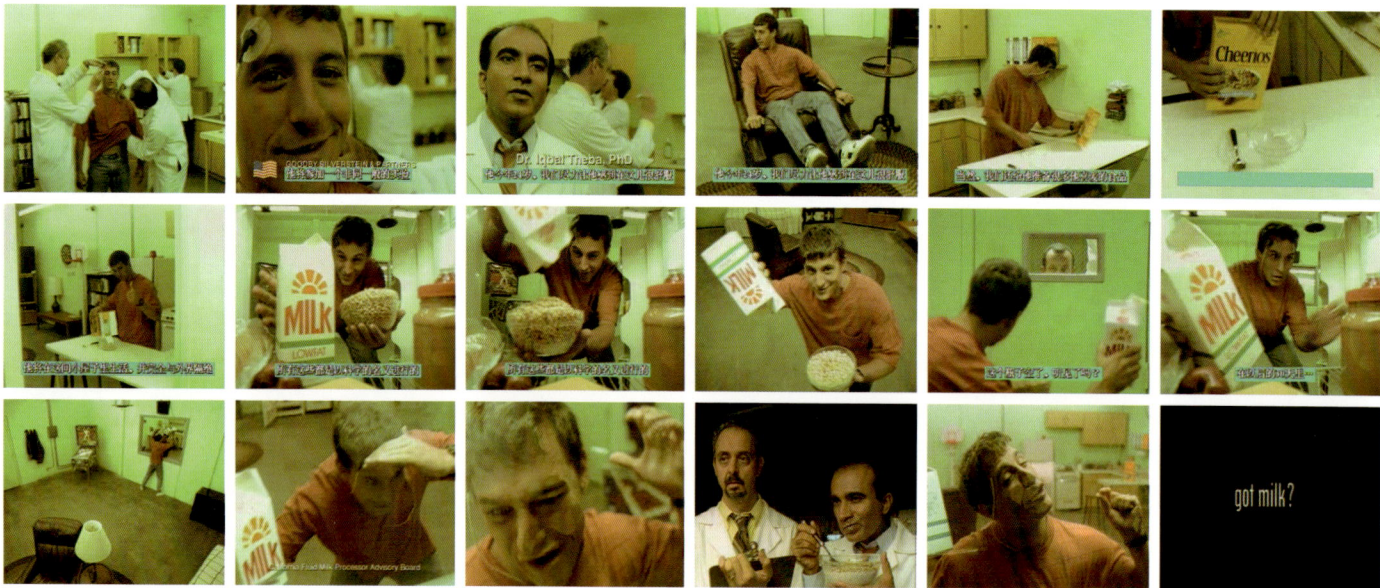

美国广告案例三　《牛奶——孤独篇》

美国广告案例四　《TABASCO辣酱——蚊子篇》

美国广告案例五　《耐克——泰格·伍兹篇》

美国广告案例六 《喜力啤酒——球童篇》

美国广告案例七 《耐克——乔丹篇》

二、英国广告风格

英国是广告业高度发达的国家之一。英国的广告无论是在创意上，还是在视觉效果上，都做得出类拔萃。这个老牌的国家有许多优秀的文化传统，在文学、绘画、音乐、建筑、舞蹈、戏剧、电影等艺术领域有着卓越的成就。在视觉艺术方面，英国一直以来都处于世界领先地位，有辉煌的业绩和历史。工商业的发达和市场经济的繁荣，加上英语国家文化上的强盛，使英国广告从它产生之始，就已经具备强大的实力并成为引领广告思潮的先行者。英国的广告文化和广告教育理念，在一定程度上对世界广告的发展产生了积极的影响。

英国影视广告有其独特的风格和表达方式，许多影视广告作品的创意都很巧妙，都是在不经意中传达出广告的信息。英国人不喜欢直截了当地谈论产品质量和销售，这源于英国人对直接销售的反感，他们更习惯于用含蓄或借用幽默来掩饰真实感受。幽默诉求广告（appeals to humor）是英国人最喜欢的类型。研究显示，发达国家15%～20%的影视广告中包含着幽默的元素，在英国，这个比例要高出许多，38%以上的人选择幽默的形式。

广告心理学家戴维·路易斯（David Lewis）说，幽默广告能使大脑分泌内啡太，产生良好情绪，使受众心情舒畅，让人们从一个更积极的角度看待产品，受众的注意力变得相当精准、热烈。因此，幽默的广告最容易给人们灌输品牌意识。他还认为，幽默是一把利器，广告商可以用它瞄准严格确定的人口群体和态度群体；又因为它的普遍性，可以作为一种对大多数人都讨巧的手段。幽默在很多时候是共通共享的，很少有像英国人那样喜欢运用幽默的元素。

幽默广告的盛行是英国民族文化中压抑的情感反映。对比其他西方国家，大不列颠帝国的人更倾向于抑制个人情感和自我贬低，他们认为喜怒形于色是粗鲁的表现。在表达多样的情绪方面，美国、法国、意大利等其他国家更为开放。美国广告中以情感诉求为主题的范围就比英国宽得多，美国人广泛地表达欢乐、博爱、雄心、梦想和欲望，这种方式是英国人所不能接受的。英国社会讲求万事平衡的闲散风格，使人们更看重业余精神。英国影视广告中的幽默便是以一种看似不在卖东西的方式卖货，通过娱乐达到销售的目的。幽默和搞笑是有区别的，相对那些情感宣泄的搞笑剧或恶搞闹剧来说，英国人幽默的方法更为含蓄。因此，英式广告幽默更婉转、更有尺度，是静中取胜，靠创意出彩。

英国影视广告除了部分英式幽默外，还有一个显著的特点是，创意常用正话反说、直话曲说、声东击西、言此意彼的表现手法，令人出乎意料，寓意非常深刻。有些片子看似过程非常"病态"，结果却无比美好，让你觉得创意有"火辣辣"的感觉。

英国广告的制作水准很高，主要靠视觉影像来表现内容，画面精美，观赏性强。广告语非常简洁，能精准地概括出视觉画面的内容和联想。广告片多为一段有所寓意的画面或情节做铺垫，最后抖出包袱，给出画龙点睛的广告语。

英国广告案例一 《健力士啤酒——鱼与自行车篇》

英国广告案例二 《Levi's服装》

英国广告案例三　《Snirnoff酒》

英国广告案例四 《健力士啤酒——黑与白系列》

英国广告案例五 《大众Polo汽车》

英国广告案例六　《健力士啤酒——蜗牛篇》

英国广告案例七　《Labatt冰啤——病房篇》

英国广告案例八 《英国独立报》

三、斯堪的那维亚风格——北欧潮流

凭借着文化上的自由度和敢于探索的冒险精神，瑞典、挪威等北欧国家非常开放。他们对不同文化及新兴的艺术普遍易于接受，性格豪迈及做事严谨加上敢为天下先的精神，使北欧大陆涌现出众多的科学家和艺术家。发达的电影业和广告业造就出大量的影视和创意人才，北欧人在影视广告这个领域里同样创造出辉煌的成就。

1998 年，北欧人以一种崭新的风格拍出《美力啤酒》——"美力时刻"系列广告勇夺广告金奖之后，出现了"北欧潮流"（SCANDINAVIAN STYLE）一词。"北欧潮流"的创意喜欢采用通俗的表达，非常生活化但又提炼得非常精到，用反逻辑的思维来制造一种近乎"神经病"的创意概念，加上刻意低俗化的美术指导及导演手法，使广告别具一格。这一风格并没有随着时间流逝而消失，反而大有愈演愈烈的趋势，并在世界上流行起来。

2000 年戛纳广告节金奖、2000 年克里奥金奖，"北欧潮流"被引用得最出色的莫过于美国 MTV 的《YUKKA BROS》（沃加兄弟）系列广告。这一系列广告集风趣、大众化、庸俗化、清新、幽默于一身，是 2000 年几大广告节（奖）中记忆度最强的广告片。

北欧潮流广告案例一　瑞典《DIESEL牛仔裤》

北欧潮流广告案例二 瑞典《DIESEL牛仔裤》

北欧潮流广告案例三 《美力啤酒——美力时刻》（本系列为美国广告，采用的是北欧潮流创作风格）

北欧潮流广告案例四　瑞典《Volvo汽车》

北欧潮流广告案例五　挪威《宜家——着火篇》

第二节 南美风潮

一、巴西广告

在全球广告群雄争霸的竞技场上，南美洲国家的广告人一直扮演着极其重要的角色。他们以绝妙的创意，夸张大胆、惊世骇俗的思维特性及单纯化的视觉表现，让广告同行们津津乐道。像巴西、阿根廷、乌拉圭、秘鲁等国家频频在世界顶级广告节夺魁，尤其是巴西，已成为继美国、英国之后的获奖大户。1999 年，巴西圣保罗 DM9 广告公司的创意总监曾在戛纳卡尔顿酒店里叫嚣："世界第三大广告强国应该是巴西！"此话不是毫无根据，因为巴西 DM9 公司已经夺得过戛纳年度最佳广告公司奖这样的综合大奖。在 2000 年克里奥广告大奖上，巴西共获 14 个奖项，排在美国、英国之后。巴西广告的原创性及奖项上的辉煌让世人惊讶，奠定了它广告界第三霸主的地位。

在 2000 年第 41 届克里奥奖影视广告全场大奖的评选会上，巴西评委当仁不让地对美国 DDB 公司的《百威啤酒》广告发出抨击，认为百威啤酒的"怎么着"（WHASSUP！）与巴西本土两年前出现过的一支广告片相似，其概念与表现形式相当接近，对其原创性表示怀疑。巴西评委借此宣泄出欧美广告人在评审广告时的双重标准，欧美人通常固执地认为只有第三世界国家抄袭欧美的创意，而没有欧美国家抄袭第三世界国家的广告概念。此话一出，引起众评委尤其是欧美评委的赞同，大家都认为那是一种普遍现象。可见巴西广告在创意思维上是非常讲求原创，讲求别出心裁。

这些流淌着浪漫血液的南美人善于将艺术的感染力和市场推广力结合得更完美。锐利的创意、准确的定位、简洁的表达，忠实于产品和受众，情趣和理性巧妙地结合。他们擅长在低成本的条件下做出颠覆性的创意。他们的广告作品超越了地域界线，超越了任何文化背景的思想束缚，真正具备国际水准。

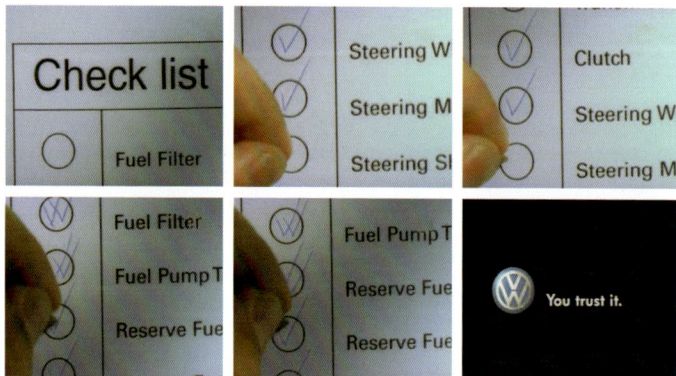

巴西低成本制作广告案例一 《大众汽车——双重检查篇》

巴西低成本制作广告案例二 《大众高尔汽车——划艇篇》

例如，大众汽车凭借《Double Check》（双重检查）这支广告片，夺取了"企业形象类别"及"低成本制作"的双重金奖。广告片巧妙地运用质量检查时的表格和认可签字的笔记"V"号，两个"V"号的重叠构成一个 VW 的标志，创意独具匠心，题材选用非常恰当。这是发展中国家的创作人应该借鉴和学习的一种创意手法，用小资金完成大事业。制作不在于成本预算之多寡，靠创意取胜，这是一个最佳案例。

巴西人也擅长于将复杂的理性技术概念转化为有观赏性的、让人记忆深刻的感性视觉画面。例如《大众高尔汽车——划艇篇》广告，广告诉求点就是要突出大众高尔出了一款 16 缸发动机的新车。广告中一艘 8 人的皮划艇在艰难地向前划行，8 人用来表示 8 缸，一艘 16 人的皮划艇轻松地划入画面，很快就超越了 8 人皮划艇，16 人的皮划艇象征着 16 缸的马力，并且艇的尾部还放着各种皮箱行李，暗示出大众高尔宽大的尾箱和空间。创意非常简单明了，让受众一目了然。

巴西低成本制作广告案例三　《公益广告——禁止伐木》

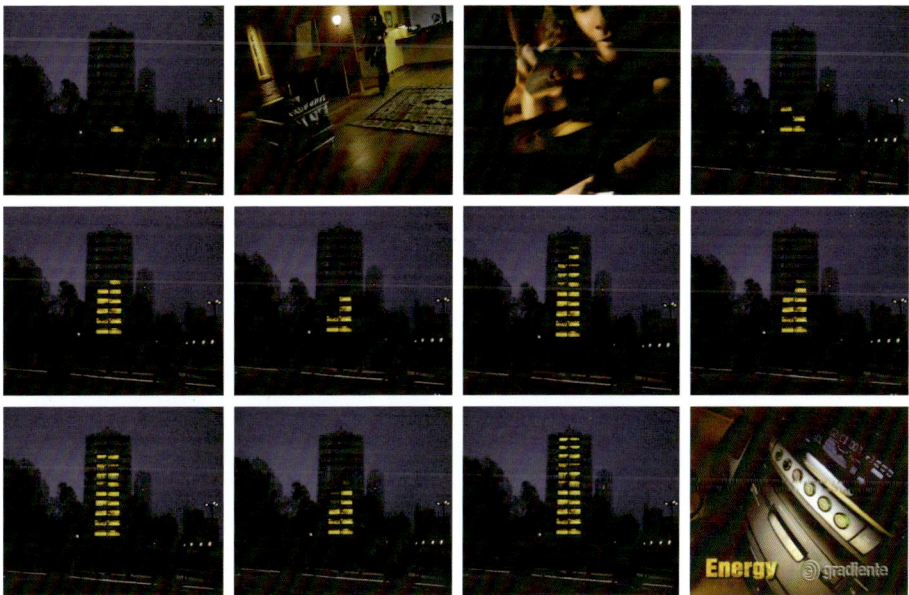

巴西低成本制作广告案例四　《Energy音响》

巴西低成本制作广告案例五 《公益广告——足球篇》

二、阿根廷、秘鲁、哥伦比亚、乌拉圭广告

阿根廷的影视广告在世界上已形成良好的口碑，在世界各大广告节上收获颇丰。跟巴西广告风格一样，它靠简洁单纯和出人意料的创意取胜。同样是低成本的制作，阿根廷广告却可以做得妙趣横生，夸张而不失幽默，使人过目不忘。在 2000 年克里奥大奖评比上，阿根廷表现突出，夺得 9 个奖项，紧随巴西之后，并与巴西形成了可以与欧美国家抗衡的创意集群。秘鲁、哥伦比亚和乌拉圭等南美国家近 10 多年来在世界几大广告节上也表现不俗，虽然在获奖数量上不如巴西与阿根廷，但成为南美广告的一支生力军，代表了独特的南美创意风格，与巴西、阿根廷一起在国际舞台上纵横，形成一股强大的南美风潮。

阿根廷广告案例一　《雷诺Clio MTV——酒吧篇》

阿根廷广告案例二 《Tulipan安全套——父与子篇》

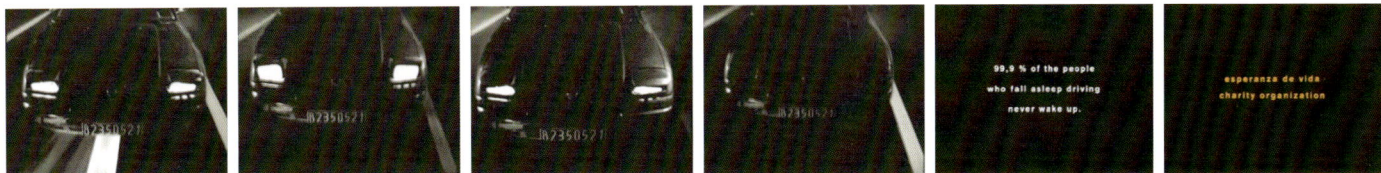

阿根廷广告案例三 《公益广告》

哥伦比亚广告案例 《HEINZ番茄酱》

乌拉圭广告案例 《大众汽车》

秘鲁广告案例 《Ace洗衣粉》

第三节　亚洲魅影

一、出色的泰国广告

1. 泰国旋风劲刮各大广告节

泰国广告在亚洲可谓一枝独秀。近年来，泰国广告以其锋芒锐利的创意和匠心独具的制作，在亚洲乃至在世界上刮起了"泰国旋风"。从亚太广告节到纽约节、伦敦广告奖、克里奥、戛纳节、One Show甚至D & AD等顶级大赛（奖）可以看到，泰国广告的水平已经具备国际水准，在世界各大广告赛事里席卷了无数奖项。出色的泰国人已经让亚洲人敬仰和羡慕，让我们中国广告人感到汗颜。广告饕餮之夜创办人布尔西科说："我认为近年广告最具创意的国家在东南亚地区……"曾任新加坡SAATCHI & SAATCHI创作总监，后为英国伦敦总坛全球创作总监的大卫·卓格（David Droga）曾经说："泰国人有点张狂！"

的确，泰国广告有着足以炫耀的资本。在一切都以欧美文化为审美标准，以英文规则为准则的世界顶级大赛上屡获大奖的现象，足够证明泰国广告非同一般，泰国成为亚洲广告的龙头老大已经成为现实。

在第二届亚太广告节上，泰国人一举获得15个金奖，让仅得6个金奖的日本人难以望其项背。在第三届亚太广告节，泰国人光是在影视类的32个奖项中就占了12个（3个金奖、2个银奖、7个铜奖），成了最大的赢家。我们可以回顾一下世界上的广告节：1997年，泰国奥美广告公司的《Counterpain 镇痛药——举重篇》在戛纳广告节上夺得银狮奖。曼谷的 Results 广告公司的《黑猫威士忌》夺得了戛纳铜狮奖，制作公司就是著名的 Matching Studio，中文称曼琴工作室。以上两片还同时夺得了 One Show。1998年第41届纽约广告节影视大赛，泰国有5件作品获奖，就连香港盛世广告公司获奖的一件作品，其制作公司还是泰国的 Film Factory。1999年第42届纽约广告节，泰国又有2件影视作品获奖，分别是曼谷 SPA Advertising 的《Miracle Rain》和 Skiy Exit 公司制作的《牛奶——牙齿篇》。在同年的第46届戛纳广告节上，由曼琴工作室制作的《Mistine——丑怪女人篇》获得戛纳银狮奖。泰国 BBDO 公司的《牛奶——牙齿篇》获得铜狮奖。在这一年的戛纳节上，整个亚洲的影视广告除了香港 BBDO《联邦速递——葬礼篇》获得银狮奖外（注：制作公司是南非约翰内斯堡的 VELOCITY AFRIKA），泰国广告人为亚洲人争回了脸面，夺得了一银一铜。自从1996年日本人的《日清杯面——饥饿篇》系列在戛纳为亚洲扬威了一把之后，泰国人便成了戛纳广告节的获奖专业户。2000年伦敦国际广告大奖，泰国人共获得3项影视奖。2000年的克里奥广告大赛，亚洲国家共夺得7个奖项，其中泰国人表现不凡占了4个奖项……他们表现得如此出色，让我们感到震撼。

2. 泰国广告风格成因

泰国广告的成功由来已久。从1994年开始，泰国广告已经悄悄在世界上崛起，在此之前，泰国广告的发展还是相对缓慢的，许多制作还依赖亚太发达地区，如香港、澳大利亚、新加坡等地的实力。虽然这样，泰国广告业原来的基础还是较好的。1992年在香港考察广告时，好几位广告公司的创意总监对我说："你留意下泰国的广告，创意不错，挺有趣的。"回来后我拿了一盒他们送我的磁带一看，顿时傻了眼。当我们的广告还在大喊大叫，比声音大，模仿和抄袭的时候，泰国广告已经很注意原创和观赏性。他们的创意极富情趣，具有民族化个性又有国际化语言，已经显露出非凡的创造力。只是当年他们的制作水平还不高，需要香港、澳大利亚等这些高度商业化地区的高手给他们进行国际化的"包装"。

随着经济的发展，泰国这个佛教国家也日益开放，传统宗教的保守和生活思想的开放同时并存，泰国在两个极端里弹跳势必会产生独特的文化现象。可以说东西方文化的冲突在曼谷这样开放的地区得到意想不到的融合，随着国际大广告集团相继进入曼谷，泰国广告在竞争中开始突飞猛进，当然这还得感谢英美国际大公司造就出一批优秀的泰国本土广告人。

政策体制的宽松给泰国广告一个弹性很大的空间，使他们在创意上可以海阔天空。泰国人在人才资源的整合方面早早就迈出了一步，无论在哪个国家和地区，只要是高手，他们都希望做到强强结合，这为今后的泰国广告业培养了大批人才。同时，在泰国，大多数刚出校门的年轻人的父母都愿意让子女到欧美国家去读书或进修，因此泰国广告人的英文水平普遍较高。这对于他们在接受西方文化方面和广告作品国际化方面有突出影响。泰国广告人是乐观的，他

泰国广告案例一 《CHICLETS STICK香口胶》

泰国广告案例二 《布拉马威士忌》

们坚守着只有原创才会有生命力、语不惊人死不休的信条。在制作上，他们力求精益求精，并倡导团队精神。天时、地利、人和让泰国广告在短期内迅速壮大和发展起来。

3. 泰国广告猛人 Suthon

出于广告导演职业的习惯，无论在哪个广告节，我都专注于影视广告。谈到泰国的影视广告，我想提及一个人，这就是泰国最著名的广告导演 Suthon Petchsuwan。在泰国广告圈只要提到 Suthon，大家都会竖起大拇指。Suthon 出生于 1963 年，20 来岁便在外资国际广告公司任职，25 岁便表现出非凡的才华。他做创意时常常想法与众不同，曾做过 5 年创意总监，后离开国际公司自己做导演。他的 Matching Studio Bangkok 是泰国著名的制作公司。Suthon 在 10 多年的广告生涯中获得很多奖项，多次获戛纳、One Show、克里奥、纽约节、伦敦节和亚太广告节等国际大奖，是一位创意型的导演。1997 年获得戛纳铜狮奖的《Black Cat 威士忌》便是他的代表作之一。该片的创意非常独特，卖点就是产品的"便宜"，Suthon 把它拍得故事性很强，情节跌宕起伏，同时融入了许多本土元素，如泰国的舞蹈、泰国的武术、黑帮老大与奴才等。为了增强感染力和冲击力，他不惜动用大场面（大量汽车和直升机）。全片一气呵成，流畅自如，演员的表演也很到位，每一个细节都做得很好，关键是卖点突出，让人过目不忘，是一部成功的广告片。Suthon 的另一部代表作是 1999 年获第 46 届戛纳广告节银狮奖的《Mistine—The ogress》(《丑怪女人篇》)。Suthon 最大的特点是利用本民族的元素进行重新组合，使作品具有国际化语言。他后来拍摄的获亚太广告金奖的《Mistine 香水》系列都沿用这种风格。Matching Studio 在泰国广告中的影响是很大的，泰国在国际和亚太节上获得的影视广告大奖大多是出自"曼琴工作室"。如《三星洗衣机·波浪篇》获得第三届亚太金奖。《节能计划·祖母篇》以一个单纯长镜头到底的手法获亚太金奖。《布拉玛威士忌·印象篇》和《西克里迟·冰冻篇》分别获亚太铜奖。Suthon 所得的业绩，是我们中国广告制作人望尘莫及的，我们真需要好好地学习人家的长处。

4. 把民族个性融入国际中来

几年前，我有幸结识了一位泰国奥美的同行，他带来了几位泰国精英的广告作品给我看，当时我约了几个拍档一起来欣赏。之前他们都以为泰国广告的创意很绝妙，可能制作会很粗糙，很一般。但看了作品后，大家惊呆了，原来泰国的制作也会这么精彩。有一部 Levi's 牛仔裤的广告让我记忆特别深刻：片子一开始是一个短发男子的后脑勺。音乐凝重而又紧张。一团一团白色的剃须膏落在头部。一把明晃晃的剃刀在头部不停地刮，剃刀所到之处露出青青的头皮。画面不断切换各个角度拍摄的剃头特写镜头，直到最后刮出一个光头。男子露出深邃刚毅的眼神，这时我们看清他是一个西方男子。他的头顶有六颗和尚剃度出家的圆点。他缓缓地抬起头，眼睛注视前方……这时一条 Levi's 牛仔裤随意搭在一张椅背上的镜头划入画面，逐渐形成标版。广告旁白点出主题："你这辈子只有一次能够脱下它，那就是在你出家的时候！Levi's 牛仔裤。"这部片子的制作非常精良，无论是节奏、影调和气氛都把握得很好，让人以为是西方人制作的。看来，泰国人在低成本制作的 TVC 上的确下足功夫，与当年巴西、阿根廷的成功路子同出一辙。此外，我们不难发现，泰国广告片在许多广告题材上都有佛教国家的痕迹，他们做来做去，都不失自己民族的文化，这是个性，同时也是他们重原创并区别于欧美国家的广告创意特点。但在表现形式上，他们往往采用欧美国家电影先进的手法，使他们的广告兼容民族化与国际化，这是泰国影视广告成熟的表现。

泰国广告案例三 《牛奶——牙齿篇》

泰国广告案例四 《Black Cat威士忌》

5. 日渐成熟的泰国广告制作

也许很多人不知道，现在泰国的广告制作在亚洲已经形成了一个"基地"，其水准和规模已经与国际接轨，形成了一个完整的系统。泰国的后期制作也愈来愈完善。泰国广告音乐大多数是原创的，他们的音乐人对广告的认识很深，做出来的广告音乐都非常符合广告的要求，很有个性，使广告效果大大提升。

泰国广告的发展壮大，是泰国人多年的学习积累和敬业得来的。他们的广告市场也很健康，这和客户的素质、广告公司的高度专业化也有关系。广告人只有自我完善了，水平高了，才会赢得客户的信任和敬佩。所以泰国的广告公司做创意和制作公司搞制作都相当规范。在这样的环境下做广告，哪能出不了好作品？

泰国的电影业在这几年开始腾飞，从而促进了影视广告创作更加出色非凡，这就值得我们影视人思考了。精明的泰国人是否将艺术表现与市场关系结合得更为完美呢？也许他们把聪明才智全都用到商业与艺术的交接点上去了。他们在参与"国际游戏"之前先弄清楚了"游戏规则"，他们早在十几年前就做好了冲击世界的准备，当硕果来临时，泰国人真的把我们甩在了身后，我们要奋起直追了！

泰国广告案例五　《Mistine—The ogress——丑怪女人篇》

泰国广告案例六 《立邦漆——美好时光篇》

二、印度广告的崛起

印度文化具有强烈的包容性。每次外来民族的入侵，都给印度文化带来不同的成分。这些不同丰富了印度文化，与本土文化相互交融，相互影响，不断推陈出新。同时，外来民族也在历史长河中受到印度民族的影响和同化。印度文化虽然呈现出多样性，但也具有明显的同一性。这种特色明显表现在他们的广告创作意识中许多公益广告和企业形象广告都具有浓浓的重精神轻物质的"地域"色彩。

长期以来，印度广告有一个特点，就是印度的企业更倾向于用印刷媒体宣传自己。

究其原因，印度报纸（特别是英文报纸）的主要读者大多为受过良好教育的专业人员，属于社会富裕阶层或中产阶级，他们更容易爱上某些特定品牌。受英国生活方式的影响，许多印度精英阶层都养成了好的阅读习惯，而印度的交通往往都以铁路、公共汽车为主，工薪阶层在上下班乘车的空隙也习惯于看报纸消磨时光。

随着科技的进步，影视广告开始在印度蓬勃兴起，并逐渐抢占印刷品广告的市场份额。印度影视广告也开始在世界异军突起。谈到印度影视广告不能不提及印度的宝莱坞这个电影基地。宝莱坞明星及印度歌舞是印度当地电视媒体广告中不变的主题。

电影向来是印度文化的一个重要组成部分，从1913年第一部印度电影诞生至今，历经90多年的发展，印度电影业已形成一个年产1200部影片的庞大行业，拥有近200万工作人员。1200部影片中800部都是故事片，其他的是电视片、商业广告片和译制片，这个数字约相当于我国电影年产量的8倍，是美国好莱坞的3倍。历经一个世纪的风雨，印度建立了以宝莱坞为核心的电影工业基地，成为世界上无可争辩的"电影帝国"。有巨大的影视基地和制作团队作为支持，印度的影视广告制作如虎添翼，近10年来开始在亚洲及世界腾飞。

印度广告案例一　《Pidilite黏胶》

印度广告案例二　《FEVICOL黏胶》

在近年来的各大广告节上，印度的广告片以其精彩绝伦、颇具印度特色的创意夺得了无数奖项。印度影视广告在亚洲的崛起，引起了全球广告界的惊讶和关注。印度的广告每年都在长足进步，出现了许多非常好的创意，平面广告发展得最好，影视广告也开始让世人刮目相看。印度奥美近年中拿下了 12 个戛纳奖，成绩突出。它在过去的 11 年里 10 次成为年度最具创意的广告公司，被誉为"奥美全球的最佳创意地"。

印度广告案例三 《印度时报——撒琴篇》

印度广告案例四
《捐献器官公益广告——电池篇》

三、日本广告风格

日本经济从 20 世纪 50 年代开始快速发展，到了七八十年代已经进入世界经济强国的行列。日本作为世界第二大工业国，其 GDP 已多年稳居世界第二的位置，广告费也位于全球第二，仅次于美国。在第二次世界大战结束后 60 年的经济发展过程中，日本广告业也在不断进步和发展，积累了大量成功和失败的经验，在广告创意、制作及市场信息收集、调查、分析等方面有很多知识和经验。日本在平面广告和影视广告方面都做得不错，是亚太地区广告业最发达的国家之一，在影视广告创意表现和媒体运用上呈现出多姿多彩的局面。

1. 情感诉求的广告广泛使用

在 1992 年的日本电通赏（奖）上，一支获得全场大奖的《日本电信》广告让我们领略了日本人的煽情本领。一个穿着风衣 40 多岁的中年男人走进路边电话亭，他拿起电话拨号。另一边，电话铃响起，大家看清这是一个运动场的更衣间，10 多个少年足球队员换下沾满泥浆的运动服准备冲洗。接电话的是一个满脸汗水、皮肤黝黑的男孩。男孩一听是父亲的电话表情有些惊讶。煽情感人的背景音乐流淌开来，父与子对话展开：

"儿子，今天你们踢得很棒！"

"您怎么知道？"儿子惊讶地问。

"虽然你们输了，但全场你们队就你踢得最好！你受伤了，还那么顽强……"

"爸爸，你今天在看？观众席上看不到你呀？"

"其实，你踢的每一场球，我都在看，在场外远远地看……"

"真的？爸爸！"男孩激动得热泪盈眶。

透过电话亭的玻璃，父亲的脸上溢满关爱

日本广告案例一 《三得利威士忌》

之情，在父子的情感交融中日本电信 Logo 和广告语出现了。影片的创意利用了现代日本社会父与子之间的感情疏远、甚少交流的现象，揭示了在经济发达、人情淡漠的现实社会里，人们更需要理解，更需要人性关怀。这部情感诉求广告播出后在日本引起了轰动，为日本电信创下了良好的效益，也因此打动了评委，夺得了电通赏。

在第 41 届纽约广告节和 1999 年第 45 届戛纳广告节上，我有幸认识了日本女导演北村久美子。她的一部《公益广告——站台篇》以清新唯美的画面，以含蓄象征的表现手法，展现了人的关爱、人与自然的和谐，夺得了纽约广告节金奖和戛纳广告节的银奖。一个小车站的站台，一位戴着礼帽的年轻男子走下火车，极具绅士风度地拎着皮箱走向站台上的休息椅。刚坐下，年轻男子从怀里掏出了打火机（想抽烟，但不出现烟），刚打开打火机的盖子，转头一看，

身边是一位抱着婴儿的少妇。绅士风度的男子突然醒悟，脸上带着歉意起身离开，走到另一张椅子上。刚坐下，男子又从怀里掏出打火机，拧开盖子，转头又看到椅子边上坐着一位老者，老者正准备吃热狗。年轻男子终于明白，很有风度地向老者致意并将打火机放回怀里，静静地坐在椅子上休息。这时，奇迹出现，两只可爱的小鸟落在了他的礼帽上"叽叽喳喳"地叫着。绅士风度的男子身体不动抬眼想看小鸟，样子极其可爱，他还担心会惊动小鸟呢……影片充满了温馨与关爱，令人产生浓浓的暖意。

像日本著名广告导演冈康道拍摄的《旅游新干线》广告，也是走情感诉求的路线。在日本，婚后的第四年被认为是婚姻的危险期，是一个"坎"。冈康道就是利用了"四年之后"这一概念来做了一个系列广告，如四年的大学生活，毕业后大家各奔东西，

在分别前一起去旅游。又如结婚四年后的疲态和麻木，都需要寻找新的感觉，一起去重温相伴旅游的甜蜜等。《结婚周年纪念日篇》表现的是一对结婚四年后的年轻夫妻，丈夫在出门前很不耐烦地等待着化妆的妻子。"快点，快点啊！"丈夫心急火燎地催着。"等一下，马上就好……"妻子在屋内应着。"快一点呀……唉！"丈夫的忍耐到了极限，一怒之下走出门。当妻子打扮得漂漂亮亮冲出来的时候，一声巨大的关门声将妻子震得愣在了原地。（淡入淡出）一列新干线火车飞驰划过茫茫的雪域。景区的小桥上，穿着和服的妻子轻盈地走在前面，闷闷不乐的丈夫跟在后边。突然妻子回过头来，伸出了手，甜甜地说："我们拉拉手吧！好久不拉着手散步了。"这时旅游新干线的广告语和标版出现了。

日本广告案例二　《公益广告——站台篇》　北村久美子作品

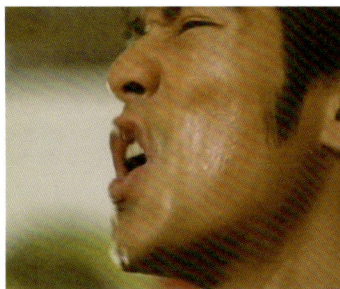

日本广告案例三 《John Pierpont巧克力》

2. 名人代言广告大行其道

由于日本国际大企业不断地发展和扩张，经济实力非常雄厚，许多跨国公司在广告表现上大胆使用国际级的大明星、政客或文化名人。像成龙、金城武、朱茵等中国名人在日本青年当中就很有号召力，常为日本企业代言产品，朱茵也为爱普生彩色复印机做形象代言。

无论是国内或国外明星，只要能吸引眼球，只要能协助达成促销目的的营销手段都被广泛运用在广告中。从某一个角度说，日本广告业的国际化程度在亚洲是最高的。用一个简单的例子来说明：日本的日清（NISSIN）食品在世界各地都有知名度，在进入21世纪以来，日清杯面便接二连三推出了一系列的影视广告。其中以外国名人做代言的电视广告就有：法国足球巨星齐达内篇、俄国前领导人戈尔巴乔夫篇、美国高尔夫女王篇、俄国网球明星篇、美国前歌星"猫王"篇（模仿）等等。

日本于2001年推出的《日清杯面——齐达内篇》让人记忆深刻。在激烈的足球场上，助威声此起彼伏，整个赛场一片沸腾。齐达内在对方多名球员的围追阻截下，果断地用胸部顶"球"，这时大家看清这个"球"原来是一个带嘴的茶壶。齐达内神奇般地带壶过人，转身、停壶、再转身、传壶……脚法娴熟，身手不凡，然后接到队友的传"球"，他奋不顾身，抢先一步将大茶壶用头顶进了对方的球门。就像1998年世界杯足球赛那样，他用头球将巴西队拉下足球

日本广告案例四　《WOWOW电视节目——奔跑女人篇》

的神坛，并将法兰西球队送上了万众瞩目的足坛巅峰。最后的镜头是大茶壶破门撞向球网，而壶嘴上还冒着丝丝热气，一条字幕划入画面（旁白跟进）：热汤，准备好了吗？标版上出现日清杯面，一句响亮的广告语闪现出来：杯面的力量！

3. 简单明了的娱乐性广告

日本人的生活节奏很快，因此带有娱乐性的广告深受各阶层消费者的喜爱。日本东京瓦广告公司的《赛伦包装保鲜膜——吸血鬼篇》采用的是产品实证式表现手法，但用得很有娱乐性，有效地传达了产品功能特点的信息。两个可爱的男孩穿着白大褂装成实验人员的样子，把赛伦保鲜膜展示给观众。他俩把放有一条鱼的碟子封上了保鲜膜给猫闻，猫愣了半天，看也不看地走掉了。他们用一块肉封上保鲜膜给狗吃，狗闻不到肉味，也走掉了。两个顽皮的男孩三更半夜跑到吸血鬼待的地方，将放有大蒜的碟子封上保鲜膜给吸血鬼闻，吸血鬼毫无反应。调皮的男孩突然撕掉保鲜膜，吸血鬼惨叫着当场倒地，两个男孩哈哈大笑。广告简单易懂又极具娱乐性，煞是有趣。

另外，日本也有采用电影风格手法，卖点单纯而又极具娱乐性的广告。例如在2000年戛纳广告节上获得银奖的作品《WOWOW电视频道——奔跑女人篇》就属这种类型：

一对年轻男女在西餐厅里约会，戴眼镜的斯文男子拿出一件礼物送给年轻女子。"生日快乐！"斯文男子说。

女子接过礼盒，打开一看是一只贵重精致的女装表。"一个小礼物，希望你能选择我而不是选择他，希望我们在一起会有很多美好时光。"（斯文男子画外音）

女子看着手表，（闪回）切换出她的另一个帅哥男朋友在铁桥等她的镜头。

女子突然想起了什么，猛地站起身来不辞而别，快步地冲出西餐厅，斯文男子一脸茫然。

女子穿着半高跟鞋在街上快跑，跑过转角，与一跑步锻炼的老人撞个满怀。

镜头从女子奔跑的双脚拍起，她已经换上了老人的球鞋。

女子穿过城市快铁立交，抄近路奔跑，想赢得时间。

她从人家的客厅穿越而过（一家人正为女儿过生日，点好的蜡烛被风吹灭）。

马路上，正在举行环城马拉松赛跑。女子加入了这一行列，越跑越快。

很快，她超越了所有的男选手，直到运动员回转跑时，她还一直向前跑。

眼看着她快跑到铁桥了，在桥上久候的帅哥男朋友脸上露出喜悦。

戴眼镜的斯文男子驾驶着红色敞篷跑车及时赶到，企图在她跑向铁桥前将其拦截住。年轻女子的脚踩上了车头，飞身越过了敞篷跑车。

桥上帅哥男朋友充满喜悦，向她张开了双臂。

女子奋力地跑向桥中心，桥上的男友也向她迎来。

让人意料不到的是，当她跑到帅哥男友怀抱的那一刹那，她却拨开并放倒了男友，径直地跑过铁桥。

她急不可耐地推开家门，鞋也不脱地冲进屋，拿起桌上的遥控器，打开了电视机。

年轻女子气喘吁吁，身体如释重负地坐下来，终于看上了自己喜爱的节目。广告语：Very Good TV——WOWOW电视频道。

4. 开始追求幽默诙谐

日本人大多认为自己身上幽默的东西不是太多，这可能与日本社会等级森严和烦琐礼仪有关；可能与生活在岛国都有居安思危的忧患意识有关；也可能与日本人工作按部就班、交往刻板密不可分。在工作紧张和心理压力大的环境中，人们在精神方面的放松就显得很有必要。日本广告中幽默搞笑的成分不多，随着市场需要和生活方式的改变，影视广告也开始追求幽默元素。通过幽默的表现手法，让人们在会心一笑之余了解广告信息。日本资生堂就做了一个染发剂产品的广告，通过表现员工对老板的遵从、顺应老板的喜好来赢得老板的青睐为题材。画面一开始是几个西装革履的青年向迎面而来的男士A挥手打招呼："嗨！"男士A发觉同事们有些异样，原来他们的头发都是金黄色的。接着大会开始了，主持人介绍："有请新总经理！"走到台中央的是一个金黄色头发的外国人。"Good morning！"他用英语向大家问好。坐在人群中的男士 A 突然觉得不自在起来，一看周围，啊！全是黄头发，就自己一个黑头发。回到家中，男士 A 心里嘀咕着：这还不简单。接着他就把自己的头发也染成金黄色。（淡入淡出）金黄色头发的男士 A 神采奕奕地来到公司。还是那几个青年人，又一起跟他打招呼："嗨！"男士 A 一看，啊，全是黑头发！大会开始，主持人介绍："有请新总经理！""早上好！"上台讲日语的新老总是日本人，坐在周围全是黑头发的同事当中，金黄色头发的男士 A 浑身不自在，恨不得在地上找条缝钻进去。广告语出现：再染回去吧！最后标版出现染发剂品牌。

日本广告案例五
《赛伦包装保鲜膜——吸血鬼篇》

值得一提的问题：

1. 英国广告除部分幽默广告之外，另一个显著特点是什么？

2. "北欧潮流"指的是什么？

3. 简述巴西、阿根廷等南美国家的广告特点。

4. 泰国影视广告在亚洲出类拔萃的原因有哪些？

5. 印度广告的崛起之路靠的是什么？

6. 浅谈日本影视广告的风格（举例说明）。

本章要点：

1. 美国广告的多样化是其包容性文化的综合体现

2. 幽默诉求广告（Appeals to Humor）是英国人最喜欢的类型

3. "北欧潮流"（Scandinavian Style）逐渐在世界流行

4. 巴西广告擅长将复杂的理性技术概念转化为有观赏性的、让人记忆深刻的感性视
   觉画面

5. 泰国影视广告在亚洲的表现堪称一枝独秀

6. 本土元素国际化造就泰国影视广告的辉煌

7. 印度广告的"地域色彩"是其鲜明的特点，重精神轻物质的思维导向是印度公益
   广告的显要特征。"宝莱坞"为印度影视广告的崛起提供了艺术与技术的支撑

8. 名人代言、情感诉求和娱乐性广告在日本盛行

第五章 | 影视广告教学

影视广告教学计划中有很多课程，包括广告学概论、导演基础、摄影基础、表演基础、电影史论、摄影实拍练习、广告创意、广告制作、电影美术、灯光照明、后期剪辑、音效制作、特效合成、短片/MV制作、影视管理等。其中广告创意与广告制作是重点课程。

课程介绍

广告创意与广告制作是影视广告专业的必修课程。

影视广告是现代广告活动的组成部分。广告创意是广告活动的灵魂。优秀的创意是影视广告成功的前提，精良的制作是影视广告成功的保障。通过广告创意与广告制作这两门课程的学习，学生要掌握影视广告的基本原理和创意方法，熟悉影视广告的制作流程和摄制媒材，锻炼创意思维并初步掌握广告制作的技能。

一、广告创意

1. 教学目的和任务

进一步强化学生对广告策划、广告目标、产品定位、目标对象以及广告表现等方面的认识，掌握影视广告创意的思维方法和表现手法，熟读世界经典影视广告作品（广告赏析），掌握现代影视广告的市场运作原理，学会以锐利的创意和精彩的影像来传达产品功能或服务，使广告信息得以有效传播。

2. 课程的基本内容及学时分配

（1）教学基本内容及安排

第一阶段（广告创意一）

a. 经典影视广告作品欣赏（以历届戛纳广告节、One Show奖、克里奥广告节、纽约广告节、伦敦广告节、英国shots广告杂志、德国Archive广告档案等获奖优秀作品为主）

b. 广告策划的基本内容

c. 创意原则与思维方法

d. 影视广告的创意手法

e. 用不同的创意手法进行广告创意练习

f. 将审稿通过的创意文案绘制成分镜头脚本（Story Board）

第二阶段（广告创意二）

a. 点击经典创意（以世界顶级广告节获奖作品为主，同时分析亚太广告节、澳大利亚Campaign奖、中国台湾时报广告奖、龙玺广告奖、中国广告节等获奖作品）

b. 讲述实际案例剖析创意

c. 建立模拟广告公司机制，根据创意简报做广告表现练习

d. 命题创作，以提案方式阐述创意文案

e. 将审稿通过的创意文案绘制成分镜头脚本（Story Board）

（2）教学方法和注意问题

教学采用多媒体教学手段，以指导教师的广告实践经验来教授相关的创作理论和方法。注意理论与实践相结合，根据国情与市场状况多采用实际案例来辅助教学。

（3）学时分配表（根据不同学院的教学大纲而定）

3. 作业及课外辅导要求

（1）选出5～10条风格类型不同的广告片进行分析，并将广告的分镜头脚本写出来。

（2）用不同的创意方法做创意练习并画成storyboard，以提案方式进行比稿。

a. 产品类广告两条

b. 企业形象类一条

c. 公益广告类两条（命题）

（4）参考文献

参考影像资料：

历届戛纳广告节影视广告获奖精品 DVD 光碟

历届 One Show 广告奖影视广告获奖作品 DVD 光碟

历届克里奥广告节影视广告获奖作品集 DVD 光碟

历年英国《Shots》全球广告精选 DVD 光碟

历届纽约广告节获奖作品 DVD 光碟

历届伦敦广告奖获奖作品 DVD 光碟

历年德国《ARCHIVE 广告档案》DVD 光碟

参考书目：

《The One Show 年鉴》

《美国 ADC 年鉴》

《美国纽约广告节年鉴》

［美］丹・海金司著，《广告写作艺术》，刘毅志译，中国友谊出版社，1991 年版

［美］罗瑟・瑞夫斯著，《实效的广告》，张冰梅译，内蒙古人民出版社，1998 年版

［美］詹姆斯・韦伯・扬著《广告传奇与创意妙招》，林以德、连瑜清、李淑娟译，内蒙古人民出版社，1998 年版

翟年祥、邹平章编，《广告学教程》，四川人民出版社，2001 版

（5）考核方式

以基本按时完成课程要求的全部作业为及格线，按作业完成的质量来综合评定最后成绩。

二、广告制作

1. 教学目的和任务

广告制作是将创意文案或脚本转化成有视听的运动影像，用影视语言和制作手段来完成表现产品或服务信息的视觉构成，也就是广告的前期拍摄与后期制作。本课程要让学生了解影视广告制作的基本原理，熟悉广告制作流程，了解影视广告常用的摄制媒材，学会利用各种前期后期高端设备，通过规范的、精益求精的制作练习，创作出高品质的影像画面，为完善和提升广告创意提供强有力的制作技术保障。

2. 课程的基本内容及学时分配

（1）教学基本内容及安排

第一阶段（影视广告制作一）

a 影视广告制作的基本流程

b 广告制作前期筹备。PPM 会议的工作内容

c 制作简报的内容

d 广告导演与制片的工作职能

e 广告摄制组其他部门职能

f 用实际案例讲述拍摄期间的创作问题及注意事项

g 后期制作的基本流程

第二阶段（影视广告制作二）

a 建立模拟制作公司模式，与"客户"及"广告公司"沟通

b 分组教学。选取"客户"认可的文案和 storyboard 进行制作

c 前期筹备。用规范的 PPM 会议方式运作

d 确定执行拍摄的 Shooting Board。确定拍摄计划

e 内景、外景拍摄

f 根据拍摄素材进行点评

g 非线后期剪辑

h 录制声音，完成音效制作

第三阶段（影视广告制作三）

a 参与社会实践，到广告制作片场实习

b 对实习情况进行总结

c 与广告公司或制作公司合作，制作低成本的广告片

d 前期筹备与 PPM 会议

e 拍摄阶段的创作问题

f 将拍摄完成的素材进行粗剪

g 广告公司或制作公司审查 A-Copy

h 精剪阶段的辅导练习

i. 音效制作，审查 B-Copy

j. 修改调整

k. 特效合成、录音合成，完成全片

第四阶段（影视广告制作四）

a. 根据命题做出广告创意和分镜头脚本

b. 产品类广告制作练习

c. 企业形象广告制作练习

d. 公益广告制作练习

（2）教学方法和注意问题

本课程立足于实践练习，采用团队合作、分组分工的工作方式进行，讲求实效性和灵活性。教师对学生拍摄制作过程中出现的问题要尽量在现场指导，注重培养学生的敬业精神，让学生发挥创造力，以取得更好的教学效果。

（3）学时分配表（根据不同学院的教学大纲而定）

3. 作业及课外辅导要求

a. 浅谈影视广告制作基本流程、摄制媒材和后期制作基本原理

b. 将社会实践的过程及个人感受做一个总结

c. 分阶段地拍摄产品广告 2~3 条，长度 30 秒

d. 制作企业形象广告一条，长度 30 秒、45 秒或 60 秒

e. 拍摄公益广告一条，长度不超过 2 分钟

4. 参考文献

参考影像资料：

历届戛纳广告节影视广告获奖精品 DVD 光碟

历年英国《Shots》全球广告精选 DVD 光碟

历年德国《Archive 广告档案》DVD 光碟

《Kings of ADS 世界广告之王》DVD 光碟

《广告盛宴——饕餮之夜》DVD 光碟

第一届到第六届亚太广告节获奖作品 VCD/DVD 光碟

日本电通赏获奖作品光碟

中国台湾时报广告奖获奖作品光碟

龙玺广告奖获奖作品 DVD 光碟

中国香港《龙吟卷——华文电视广告精粹》光碟

历届中国广告节获奖作品 DVD 光碟

《苏夏导演影视广告作品集锦》自编教材光碟

参考书目：

[美]林恩·格罗斯、拉里·沃德著，《电影和电视制作》，毕根辉、梁明译，华夏出版社，2001 年版

[俄]爱森斯坦著，《蒙太奇论》，富澜译，中国电影出版社，2003 年版

[美]路易斯·贾内梯著，《认识电影》，富澜、丁海嘉、张扣林等译，中国电影出版社，1997 年版

傅正义著，《电影电视剪辑学》，北京广播学院出版社，2002 年版

[英]彼得·沃德著，《电影电视画面》，范钟离、黄志敏译，华夏出版社，2004 年版

汪流主编，《中外影视大辞典》，中国广播电视出版社，2001 年版

郑新安著，《镜头里的商品——中国优秀广告导演全记录》，世界知识出版社，2003 年版

5. 考核方式

以按时完成课程要求的全部作业为及格线，根据广告片在执行过程中是否达到创意要求，广告片完成后是否传达了所要诉求的信息，是否对原创意进行了提升或完善，制作的精度是否到位，还要根据学生在不同的职能岗位所做出的成绩等来综合评定最后的分数。

参考文献：

［美］菲利普·科特勒 著《市场营销》，俞利军 译，华夏出版社，2003 年版

［美］菲利普·科特勒 著《水平营销》，陈燕茹 译，中信出版社，2005 年版

［美］丹·E. 舒尔兹 著《整合营销传播》，吴怡国 译，内蒙古人民出版社，1998 年版

［美］丹·E. 舒尔兹 著《广告策略运动新论》，刘毅志 译，中国友谊出版社，1991 年版

［美］大卫·奥格威 著《一个广告人的自白》，林桦 译，中国物价出版社，2003 年版

［美］罗瑟·瑞夫斯 著《实效的广告》，张冰梅 译，内蒙古人民出版社，1998 年版

［美］詹姆斯·韦伯·扬 著《广告传奇与创意妙招》，林以德、连瑜清、李淑娟 译，内蒙古人民出版社，1998 年版

［美］林恩·格罗斯、拉里·沃德 著《电影和电视制作》，毕根辉、梁明 译，华夏出版社，2001 年版

［美］丹·海金司 著《广告写作艺术》，刘毅志 译，中国友谊出版社，1991 年版

［美］克劳德·霍普金斯 著《我的广告生涯：科学的广告》，邱凯生 译，新华出版社，1998 年版

［美］丹尼斯·希金斯 著《广告文案名人堂》，顾奕 译，中国财政经济出版社，2003 年版

丁俊杰 主编《广告学导论》，中南大学出版社，2003 年版

庄淑芬 著《奥美有情》，企业管理出版社，1998 年版

黄文博 著《鸡蛋里挑骨头》，企业管理出版社，2001 年版

蒋旭峰、杜骏飞 主编《广告策划与创意》，中国人民大学出版社，2006 年版

郑新安 著《镜头里的商品——中国优秀广告导演全记录》，世界知识出版社，2003 年版

王晓、付平 著《欲望花窗——当代中国广告透视》，中央编译出版社，2004 年版

作者简历

苏 夏

著名广告导演
中国广告专业技术人员职业水平评价专家委员会委员
中国美术学院学术委员会委员
中国美术学院传媒动画学院副院长、教授、研究生导师

简 历

1988年毕业于中国美术学院本科（原浙江美术学院）
1988年分配在珠江电影制片公司从事影视创作，在南国影业广告公司任创作总监、导演
1998年成立广州泓一广告传播有限公司，任创作总监、导演
2004年调回中国美术学院，负责影视和广告教学工作
2010年担任上海世博会城市生命馆大型环幕电影《城市广场》总导演

主要业绩

1998 年　导演广告片《矮将军液体电蚊香——肥佬篇》在第 41 届美国纽约广告节上夺奖，成为中国大陆第一位在世界五大广告节上获奖的广告导演，实现了中国影视广告作品在世界知名广告节奖项上零的突破

1999 年　作品《贵府豪酒——京剧花脸篇》获第 42 届美国纽约广告节入围奖

1999 年　导演广告片《海南航空——云篇》入选美国权威杂志《广告时代》1999 年度最佳广告奖，成为首位获此殊荣的中国导演

2000 年　作品《国际禁毒日——剃头篇》获第七届中国广告节银奖，《海南航空公司》获铜奖

2000 年　《宫颈炎药栓》系列夺得美国纽约广告节 The Globals Award 全球奖，这是中国人第一次获得此奖

2000 年　作品《福润得盐水鸭》获得香港 Design 2000 Show 亚洲区影视最高奖，大量作品入选《香港设计年鉴》

2000 年　作品《TCL 钛金电脑》获中国广告学院奖金奖

2001 年　作品《曲美胶囊》获第 43 届美国纽约广告节入围奖

2001 年　两件作品获得第 30 届美国莫比广告大奖影视金奖和平面金奖

2001 年　获第一届 IAI 年鉴奖最有眼光评委奖等奖项，《海南航空》获第一届中国广告 IAI 年鉴奖金奖

2001 年　《国际禁毒日》等多件作品获中国 IAI 年鉴奖最佳创意奖、公益广告金奖，同时获中央精神文明办颁发的公益广告大奖

2001 年　作品《海南航空——云篇》获中国十大广告奖

2001 年　《海南航空》《福润得盐水鸭》《洁伶香薰卫生巾》等多件作品收录《世界广告精华》和《饕餮之夜——广告精选》

2002 年　创作广告片《全国助残日——手篇》获第 44 届美国纽约广告节低成本制作公益广告奖

2002 年　获第二届中国广告 IAI 年鉴奖最有眼光广告公司评委奖等奖项

2002 年　被中国广告协会评为"中国本土创意 50 强"

2003 年　被《广告人·中国》评为"中国当代杰出广告人"

2003 年　获第三届中国广告 IAI 年鉴奖最有眼光业内评委奖

2003 年　导演广告片《银鹭葡萄糖》获第十一届中国广告节银奖

2003 年　创作的大型纪录片《与历史同行》被法国巴黎艺术城收藏

2004 年　导演广告片《香药胃安》入围美国纽约广告节 The Globals Award 全球奖

2004 年　被《大市场》杂志评为"中国最具影响力的广告导演之一"

2004 年　创作影像作品《过程一》入选国际现代艺术展"第五届上海双年展"

2005 年　创作纪录片《精神家园》入选法国巴黎蓬皮杜艺术中心"艺术与技术"沙龙展

2005 年　创作影像作品《过程二》入选《寓言——中国当代艺术展》

2006 年　入选"新世纪 151 人才工程"第二层次培养人才

2006 年　担任首届全国高校影像大展短片组评委

2007 年　创作影像作品《舞——身体冲动》和《过程》参加在日本东京举行的"独乐与众乐展"

2007 年　担任中国美术学院学术委员会委员，担任第二届全国高校影像大展短片组评委

2007 年　担任中国广告专业技术人员职业水平评价专家委员会委员，负责考试大纲的编写和评审工作

2008 年　创作并导演大型纪录片《山望——学院的力量》

2008 年　参与上海世博会主题馆《城市生命》总体策划与设计，负责影像创作

2008 年　创作影像作品《同游》入选德国德累斯顿"活的中国园林：从幻象与现实"展

图书在版编目（CIP）数据

影视广告创意与制作: 增补版/苏夏编著.—上海: 上海
人民美术出版社，2021.12　　（2024.9重印）
艺术设计名家特色精品课程
ISBN 978-7-5586-2263-2

I. ①影… II. ①苏… III. ①影视广告–广告设计–高
等学校–教材②影视广告–制作–高等学校–教材
IV. ①F713.851

中国版本图书馆CIP数据核字（2021）第264686号

艺术设计名家特色精品课程

影视广告创意与制作(增补版)

主　　编：苏　夏
执行主编：刘智海
编　　著：苏　夏
责任编辑：丁　雯
流程编辑：孙　铭
版式设计：洪　展
技术编辑：史　湧
出版发行：上海人民美术出版社
　　　　　（地址：上海市闵行区号景路159弄A座7F　邮编：201101）
印　　刷：上海颛辉印刷厂有限公司
开　　本：787×1092　1/12　印张：12
版　　次：2022年1月第1版
印　　次：2024年9月第5次
书　　号：ISBN 978-7-5586-2263-2
定　　价：65.00元